CEREAL
Travel & Lifestyle

시리얼

Cereal Volume 4

Copyright © Cereal Ltd. UK
All rights reserved.

Korean translation rights © 2015 by Sigongsa Co., Ltd.
Korean translation edition is published by arrangement with Cereal Ltd. through Amo Agency Korea.

이 책의 한국어판 저작권은 아모 에이전시를 통해 Cereal Ltd.와 독점 계약한 ㈜시공사에 있습니다.
저작권법에 의해 한국 내에서 보호를 받는 저작물이므로 무단전재와 무단복제를 금합니다.

CONTENTS

1. 곡물 Grains

- 006 **곡물** 사진 에세이
- 014 **쌀** 인류가 가장 좋아하는 곡물에 대한 인류학적 고찰
- 024 **밀** 우리의 일용할 양식
- 028 **옥수수** 베일에 싸인 탄생 과정
- 038 **퀴노아** 슈퍼푸드 시대의 제왕
- 042 **풀** 잔디의 식용 가능성을 탐구하다

2. 로스앤젤레스 Los Angeles

- 050 **케이스 스터디 하우스** 캘리포니아 주거 건축을 재정의하다
- 056 **서핑** 캘리포니아의 바닷물결
- 064 **캘리포니아롤** 안팎이 뒤집힌 역발상 초밥
- 070 **토팡가** 도심의 아름다운 협곡

I. 인터루드 Interlude

- 080 **유니폼 웨어스** 미니멀리즘 영국 시계의 대표 주자

3. 크라쿠프 Kraków

- 090 **모카크** 크라쿠프 현대미술관
- 098 **대광장** 유럽 최대의 중세 광장
- 102 **피에로기** 초승달 모양의 폴란드 전통음식
- 106 **폴란드어** 낯선 외양에 숨겨진 친숙함

4. 숲 Forest

- 112 **뉴포레스트** 완벽한 놀이터
- 126 **숲 갤러리** 삼림지대를 사진에 담다

1	곡물 *Grains*

곡물
GRAINS

사진 에세이

사진 조너선 그렉슨 *Jonathan Gregson*

초록빛 밀 *Green wheat*

장식용 쌀 *Ornamental rice*

여우 꼬리를 닮은 조 *Foxtail millet*

초록빛 귀리 *Green oats*

황금빛 밀 *Golden wheat*

수수 물보라 *Spray millet*

쌀
RICE

인류가 가장 좋아하는 곡물에 대한 인류학적 고찰

글 리처드 아슬란*Richard Aslan* 사진 스티븐 렌털 *Stephen Lenthall*

> 쌀은 인류가 소비하는 주요 곡물이며 세계 인구의 절반 이상을 먹여 살리고 있다. 오늘날 전 세계 곳곳에서 생산되는 쌀의 재배 면적은 여전히 늘어나고 있다.

2,000년 전 거대한 붉은 섬 마다가스카르에 발을 디딘 최초의 정착민들은 전혀 새로운 세상을 발견했다. 이 고립되고 길쭉한 땅덩어리는 다른 곳 어디에서도 찾아볼 수 없는 식물군으로 이루어진 처녀 우림으로 뒤덮여있었다. 숲은 또한 커다란 여우원숭이, 거대한 육식 몽구스, 피그미 하마 그리고 몸무게가 400kg에 달하는 에피오르니elephant bird의 서식지였다. 정착민들은 보르네오를 떠나 아우트리거 카누outrigger canoe(남태평양과 인도양의 원주민들이 사용하던 배로, 선체 양쪽에 부목을 달아 안전성을 높였기 때문에 다른 배보다 쉽게 거친 바다를 헤치고 나갈 수 있다 - 옮긴이)에 토란과 그들이 즐겨 먹던 쌀 바리vary를 비롯한 기본적인 곡물을 싣고 7,000km가 넘는 바닷길을 항해했다. 그들은 사람의 손이 닿지 않은 마다가스카르 땅을 가로질러 앞으로 나아가면서 풀이 누렇게 시든 해안 평야를 등진 채, 이상적인 조건과는 여전히 거리가 멀지만 토란과 쌀 재배가 가능한, 보다 축축하고 시원한, 섬 안쪽 산악지대로 이동했다. 마다가스카르에는 계절성 폭우가 내리지 않고 벼가 잘 자라는 통기성적은 토양도 존재하지 않는다. 1,000년의 세월이 흐른 뒤 2차 이주자들이 섬에 들어와 아무도 살지 않던 해안지대에 정착했다. 그들은 아프리카를 떠난 반투Bantu 족으로 등에 혹이 난 소 제부zebu 떼를 이끌고 왔다. 이 무렵 몸집이 큰 토착 동물 대부분은 계속된 사냥과 서식지 상실로 멸종된 상태였지만 벼와 보르네오인들은 수많은 역경 속에서도 강인한 생명력을 이어가고 있었다. 500년의 세월이 더 흐른 뒤, 마다가스카르에는 반투 족과 보르네오인들 간의 결혼으로 생겨난 다양한 부족이 살게 되었다. 또한 산악지대인 숲은 인간의 엄청난 노력에 힘입어 체스판 모양의 수리안전답水利安全畓으로 거듭났는데, 그 모습은 최초 정착민들의 고향인 인도네시아를 닮아있었다. 섬 내륙의 쌀농사 지대는 힘의 각축장이 되기도 했다. 17세기 산악지대를 지배하는 것만으로 만족하지 못했던 안드리아남포이니메리나Andrianampoinimerina 왕은 "니 라 노마시나 노 발람 파라히코(내 논은 바다에서 끝난다)."라는 말로 자신의 영토 확장 의지를 표현했다. 안드리아남포이니메리나의 군대는 섬 전체를 정복했으며 그의 왕국은 마다가스카르 공화국의 모체가 되었다. 제부와 더불어 반투어에서 온 차용어가 이 거대한 붉은 섬에 정착했지만 오늘날에도 마다가스카르인들은 보르네오 남부에서 사용되는 것과 비슷한 언어를 사용한다. 그리고 이곳의 주식인 쌀은 하루 세 번 식탁에 오른다.

쌀의 여행은 초기 마다가스카르 정착민들이 아우트리거 카누에 몸을 싣고 남보르네오를 떠나기 훨씬 전부터 시작되었다. 가장 특별한 풀, 벼의 원산지를 두고 숱한 주장과 반박 그리고 논쟁이 벌어지고 있지만(주요 쌀 생산국들은 저마다 자신들이 벼농사 종주국임을 한 번씩 주장했다) 학계는 서서히 합의점을 찾아가고 있다. 과거 아시아 전역에서 여러 차례 벼농사에 성공했다고 보았던 때도 있었지만, 대규모 벼 재배에 대한 유전적 증거는 중국 남부 광저우 지방의 주珠江 강 유역에서 발견된 것이 유일하다. 가장 오래된 고고학적 증거는 좀 더 북쪽으로 올라간 양쯔 강 유역에서 발견됐다. 유전학자와 고고학자는 8,200～1만 3,500년 전에 벼농사가 시작되었다고 입을 모은다. 1만 3,000여 년 전이라는 추측이 맞는다면 벼는 인류의 곡물 재배 연대

▶▶▶

◀◀◀

표에서 앞자리를 차지한다. 중국 남부에서 시작된 벼농사는 아시아 전역으로 퍼져 6,000년 전에는 일본에까지 전해졌다. 오늘날 세계 곳곳에서 쌀의 재배 면적은 여전히 늘어나고 있다. 쌀이 일상생활에 깊숙이 뿌리내린 아시아도 예외는 아니다. 자바Java에서 토란을 재배하는 마을들 중에는 지금도 쌀을 인도네시아의 농경문화가 현대화되면서 도입된 신기한 농산물로 여기는 곳이 있다. 21세기, 옥수수와 밀은 전 세계적으로 엄청난 생산량을 자랑하지만 수확량 가운데 상당 부분은 가축의 사료로 쓰인다. 하지만 쌀은 인류가 소비하는 주요 곡물로 세계 인구의 절반 이상을 먹여 살리고 있다. 전체 쌀 소비량의 90%는 아시아에서 생산되고, 1인당 연간 쌀 소비량이 가장 큰 나라는 150~200kg을 기록하는, 동남아시아의 버마와 캄보디아 그리고 라오스다. 빵을 주식으로 하는 유럽에서도 쌀은 중요한 식재료이며 소비량 또한 꾸준히 증가하는 추세다. 강수량이 풍부한 스페인의 논농사 지대에서는 발렌시아Valencia의 토속음식 파에야paella의 재료가 되는 단립도短粒稻(짧고 둥근 모양에 가까운 벼알 – 옮긴이)가 생산되고, 1931년부터 국가쌀협회Ente Nazionale Risi에서 관리하고 있는 이탈리아 쌀 가공업계는 자국에서 생산되는 쌀을 아르보리오Arborio, 카르나롤리Carnaroli 등 놀라우리만치 다양한 품종으로 분류한다.

쌀이 지닌 문화적 중요성은 언어에서도 흔히 드러난다. 마다가스카르어로 '먹다'를 뜻하는 동사 '미히남 바리'는 직역하면 '쌀을 먹다'라는 뜻이다. 쌀을 주식으로 하는 다른 여러 나라의 언어에서도 비슷한 예를 찾을 수 있다. '쌀을 먹다'로 직역되는 중국어 '치판吃飯'과 타이어 '킨카오กินข้าว' 역시 '식사하다'라는 뜻을 갖는다. 타이의 인사말 '킨카오류양'은 '식사하셨습니까?'라는 뜻이다. 마다가스카르에서 식사는 매 끼니 빼놓을 수 없는 바리 쌀밥과 라오카laoka(반찬)의 두 부분으로 구성된다. 중국의 식사도 마찬가지다. 중국어 '공고우空口'는 밥이 빠진 불완전한 식사를 의미하는데 공허함을 강조해서 표현할 때도 사용한다. '밥'을 의미하는 일본어 '고항御飯'은 '식사'의 동의어로 사용된다. 따라서 '아침 밥'을 뜻하는 '아사고항朝御飯'은 '아침 식사'를, '저녁 밥'을 뜻하는 '요루고항夜御飯' 또는 '반고항晩御飯'은 '저녁 식사'를 의미한다. 벼농사가 이루어지는 나라에서는 보다 전문적인 용어를 사용하는 경향이 나타난다. 영어로 쌀은 '쌀rice'뿐이지만 한국어에는 익힌 쌀을 뜻하는 '밥'이라는 단어가 따로 있다. 중국어로도 익힌 쌀과 익히지 않은 쌀을 각각 '판飯'과 '미米'로 나누어 부른다. 매우 비슷한 말레이어와 인도네시아어는 쌀의 생활사lifecycle를 '패디padi(자라고 있는 쌀)', '베라스beras(탈곡한 쌀)', '나시nasi(익힌 쌀)'로 뚜렷이 구분한다. 이 용어들은 필리핀 공용어인 타갈로그어Tagalog에서 각각 '팔라이palay', '비가스bigas', '카닌kanin'에 해당한다. 베트남어 '루아lúa', '가오gao', '콤cơm'을 구글 번역기에 돌리면 마치 주문처럼 '쌀', '쌀', '쌀'이라는 결과를 얻게 된다.

쌀은 논, 부엌, 식탁을 넘어 우리의 생활 구석구석에 깊이 뿌리를 내리고 있다. 다양한 행사와 의식은 그 한 예로, 예부터 쌀은 신에게 바치는 제물로 사용되어 왔다. 타이에서는 쌀의 여신인 매 포솝Mae Posop에게 쌀을 올린다. 발리 사람들은 벼 풍작에 필요한 영양분을 상징하는 데위 스리Dewi Sri를 쌀의 여신으로 섬기고, 힌두교도가 대다수를 차지하며 쌀을 주식으로 하는 인구가 5억이 넘는 인도에서는 부와 풍요의 여신 락슈미Lakshmi를 노하게 할 것이 두려워 쌀을 낭비하지 않는다. 결혼식을 마친 신혼부부에게 쌀을 뿌리는 풍습은 인도에서 시작되었다. 모리셔스Mauritius에 거주하는 인도인들과 중국인들은 각각 볶음밥과 비리야니biryani를 잔치 음식으로 먹는다. 한국어에는 첫 생일을 기념하는 '돌떡'처럼 문화적 중요성을 지닌, 쌀과 관련된 단어가 풍부하다. 일본어에는 '쌀'이라는 의미를 가진 단어가 포함된 복합어가 온라인 사

▶▶▶

◂◂◂

전에서 무려 서른세 페이지이며, 그 수는 놀랍게도 834개에 이른다. 이 가운데에는 신도神道(일본 고유의 민간 신앙 – 옮긴이)의 곳간을 지키는 쌀의 신 우카노미타마를 숭배하는 신성한 여섯 개의 명칭에서부터 암거래되는 쌀을 가리키는 세속적인 단어 '야미매闇米'에 이르기까지 다양한 어휘가 섞여있다. 실용적인 중국 문화로 눈을 돌리면 역시 쌀에서 유래한 풍부한 표현이 넘쳐난다. '가장 현명한 주부도 쌀 없이는 요리할 수 없다.'로 풀이되는 '키아오 푸 난웨이 우미치추이巧妇难为无米之炊' 또는 '쌀은 익었다.'로 직역되며 '벌어진 일을 돌이킬 수 없다.'는 뜻을 지닌 '셩 미 추 쳥슈 판生米煮成熟饭' 같은 진부한 문구는 물론이고 '닭을 훔치려다 미끼로 쓴 쌀만 잃는다.'는 뜻을 지닌 '토우 지 부쳥 시 바 미偷鸡不成蚀把米' 같은 교훈적인 이야기의 중심에도 쌀이 있다. '남은 밥을 볶다'로 직역되며 '고리타분한 이야기를 되풀이하다'로 풀이되는 '차오렁판炒冷饭' 같은 은유와 '쌀 양동이'를 뜻하지만 쌀만 축내는 쓸모없는 사람을 가리키는 '판통饭桶' 같은 속어도 넘쳐난다. '밥공기'를 뜻하는 '판완饭碗'은 일상 대화에서 '생계'를 의미하기도 한다. 가장 현대적인 용어에서도 쌀을 이용한 은유를 찾아볼 수 있다. 중국인들은 평등주의 원칙을 말할 때 '커다란 밥솥'을 의미하는 '다구오판大锅饭'이라는 단어를 사용한다. 모두가 공평한 대접을 받을 때 한솥밥을 먹지 않던가.

만약 쌀이 재배하기 쉬운 곡물이었다면 전 세계가 쌀을 사랑하는 이유를 보다 수월하게 설명할 수 있었을지도 모른다. 그러나 쌀은 꾸준한 노력과 김매기, 모내기, 수확, 탈곡, 도정에 이르기까지 오랜 시간 엄청난 노동을 쏟아부어야 하는 곡물이다. 마다가스카르처럼 벼농사에 적합하지 않은 지역이라면 쌀 농사에 드는 노력과 위험이 상상 이상이다. 인구밀도가 높은 아시아를 비롯해 벼농사에 보다 적합한 지역이라도 쌀 대신 다른 곡물을 재배한다면 적은 노력으로 더 큰 수확을 거둘 수 있을 것이다. 중국어로 '오곡'을 뜻하는 '우구五谷'는 수수, 대두, 참깨, 보리, 쌀을 아우른다. 쌀을 제외한 네 가지 곡물 모두 쌀보다 효율적으로 재배될 수 있지만 쌀에 견줄 만한 문화적·정서적 의미를 지니지는 못한다. 이들 곡물과 관련된 관용구나 속담 또한 사전에서 찾아보기 힘들다(짚고 넘어갈만한 표현으로 '다 지양요우打酱油'가 있기는 하다. '나는 간장을 사러 온 것뿐이다.'로 직역되는 이 문장은 '내가 상관할 일이 아니다.'라는 뜻이다). 중국과 마다가스카르를 비롯해 쌀을 주식으로 하는 모든 곳에서 벼농사는 이성보다는 감정에 의해 선택되는 일인 듯하다. 쌀 재배에 따르는 위험이 너무나 크기 때문에 벼농사가 이루어지는 국가의 정부와 농부들은 모든 상황에 대비하기 위해 노력을 아끼지 않는다. 현대 과학은 병충해에 강하고 수확량이 많은 품종 개발에서부터 최상의 결과로 이어지는 모내기 방법 연구에 이르기까지, 벼농사에서 점점 더 중요한 역할을 하고 있다. 대표적인 연구기관으로는 필리핀 로스바뇨스Los Baños에 위치한 국제미작연구소International Rice Research Institute가 있다. 쌀 재배 농가를 돕기 위한 지속적인 방법을 찾고자 1960년에 문을 연 이곳은 포드재단Ford Foundation과 록펠러재단Rockerfeller Foundation의 지원을 받고 있으며, 국제쌀유전자은행International Rice Genebank과 곡물 전시관인 라이스월드Riceworld에게도 자리를 내주고 있다. 쌀은 인간의 역사가 기록되기 훨씬 전부터 인류에게 중요한 역할을 해왔듯이 그 이름을 길이 남길 것이며, 이 세상에 배를 채워주어야 할 인간이 존재하는 한 계속해서 그 자리를 지킬 것이다. 이유가 무엇이든 점점 더 많은 사람들에게 쌀 없는 세상은 상상할 수 없는 것이 되고 있다. ■

쌀 제공 : 수 쉐프Sous Chef
SOUSCHEF.CO.UK

"벼농사는 인간이 집단 지혜|collective wisdom를
지녔다는 가장 뚜렷한 논거 중 하나다."

– 스리 오웬SRI OWEN, 《쌀의 모든 것THE RICE BOOK》

밀
WHEAT

우리의 일용할 양식

글 로비 로렌스 Robbie Lawrence 사진 조너선 그렉슨 Jonathan Gregson

다부진 몸으로 아장아장 걸어 다니며 볼이 통통한 아기였던 시절, 나는 위타빅스Weetabix(동명의 영국 시리얼 제조사에서 생산하는, 비스킷 모양으로 압착한 통곡물 시리얼 - 옮긴이)를 한 번에 여덟 개씩이나 우유에 말아 먹어치우곤 했다. 위타빅스는 내 '능숙한' 숟가락질로 입에 들어가기도 했지만 앉아 있던 하이체어 뒷벽까지 튀기 일쑤였고, 부모님은 억지웃음을 지을 수밖에 없었다. 이제 나는 더 이상 위타빅스로 벽에 얼룩을 만들지는 않지만 여전히 엄청난 양의 시리얼을 먹는다. 꿀을 뿌린 위타빅스는 추운 겨울밤 버터를 듬뿍 넣어 먹는 으깬 감자처럼 허기를 달래줌과 동시에 푸근한 향수를 불러일으킨다. 위타빅스 푸드 컴퍼니는 흉작으로 질 좋은 밀 수확량이 줄어 2013년 가장 인기 있는 제품 몇 가지를 생산 중단해야 했다. 이것으로 내 시리얼 비축량에 비상이 걸리는 것은 물론 영국과 수많은 나라의 농부들이 직면한, 더욱 심각한 문제에 관심을 갖게 되었다. 즉 빵과 비스킷의 주원료인 밀이 이제는 더 이상 그 수요를 감당하지 못할 수도 있다는 사실 말이다.

기원전 3,000년경 수렵과 채집을 대신하기 시작한 이래로 밀농사는 지금의 영국 땅을 비롯한 초승달 지대the Fertile Crescent(페르시아 만에서 시작하여 나일 강 유역에 이르는 초승달 모양의 비옥한 땅 - 옮긴이)의 도시국가들과 바빌로니아, 수메리아, 아시리아 등 대제국에서 문명 발달에 없어서는 안 될 역할을 해왔다. 밀은 43년 클라우디우스Claudius 황제가 이끄는 로마 군단의 루투피아이Rutupiae(오늘날의 리치버러Richborough) 상륙과 더불어 영국 역사 기록이 시작되기 훨씬 전부터 영국인들에게 꾸준히 식량원과 수출품이 되어왔다. 밀은 상업적 가치를 지녔기 때문에 언제나 귀하게 여겨졌으며 오랜 역사 속에서 종교계를 비롯한 일반 대중들은 대량 생산이 가능한 밀(밀은 대가 곧게 뻗어있어 짚이나 잡초가 섞이지 않도록 깨끗하게 탈곡할 수 있다)을 번영과 자양분의 상징이자 공경의 대상으로 삼기도 했다. 영국의 연간 밀 생산량은 1970년대 초만 해도 500만 톤을 밑돌았지만 오늘날 1,400만~1,500만 톤에 달한다. 이 가운데에 450만여 톤은 영국 제분업자에게 판매되고 나머지는 해외로 수출된다. 밀은 2010년 전 세계적으로 6억 5,100만 톤이 생산되어 옥수수(8억 4,400만 톤)와 쌀(6억 7,200만 톤) 다음으로 가장 많이 재배되는 작물이다. 밀은 오늘날 '평균적 인간'이라는 가상의 동물이 섭취하는 열량의 20%를 차지한다.

몇 년 전 데이비드 애튼버러David Attenborough의 낭랑한 목소리를 들으면서 몽롱한 상태에 빠졌던 적이 있다. 그는 풀을 주제로 한 다큐멘터리의 내레이션을 하고 있었다. 그런데 밀 이야기가 나오는 순간 잠은 달아났고 다큐멘터리에 빠져들었다. 화면에는 정정한 모습의 애튼버러가 북아메리카의 밀밭에 서있는 모습이 나타났다. 그 뒤로 거대한 침대보를 펼쳐놓은 것 같은 드넓은 초원과 저 멀리 쉼 없이 밀밭을 훑고 있는 콤바인들이 보였다. 뒤이어 화면을 메운 항공사진은 밀 농사의 엄청난 규모를 보여주었다. 북아메리카의 광활한 한 부분을 차지한 밀밭이 끝없이 펼쳐져 있었다. 곡물은 전 세계적으로 그 어떤 상용 작물보다 넓은 경작지에서 재배되고 있는데, 밀은 그중에서도 넓은 면적을 차지한다. 밀 재배에 이처럼 엄청난 노력을 기울이

◂◂◂

는 모습을 보며 밀이 어떤 특성으로 인해 이토록 수익성 높은 작물이 되었는지 궁금해졌다.

최근 〈이코노미스트〉에는 밀을 '유전적 괴물'로 묘사한 기사가 실렸다. 대부분의 유기체는 염색체 수가 기본수의 두 배이지만 전형적인 밀 품종은 염색체 조를 여섯 개 가진 6배체다. 밀의 유전자를 이루는 160억 쌍의 DNA 덕분에 농법과 지리적 위치가 요구하는 대로 끊임없이 유전자를 변형할 수 있다. 밀은 이제 과학의 산물이다. 밀은 엑스레이와 에틸메탄설포네이트를 이용한 유전자 조작 과정을 거친 뒤 해충이나 세균이 박멸되었거나 밀 고유의 면역력으로 이들을 무력화한 상태에서 단일재배된다. 숱한 유전자 변형 과정을 겪은 밀의 낟알은 이제 오랜 옛날 야생에서 자랄 때보다 열 배나 더 무게가 나간다. 이를테면 슈워제네거Schwarzenegger처럼 크기, 부피, 밀도가 모두 증가한 밀이 탄생한 것이다. 밀은 이처럼 거대해진 탓에 야생에서는 분산dispersal(서식지가 확대됨 - 옮긴이)이 불가능해졌으며 오직 인간의 보살핌 속에서만 자랄 수 있다. 그런데 오늘날 엄격한 훈련과 단백질 보충제로 육체의 한계에 달할 만큼 근육을 키워 마치 골리앗 같은 럭비 스타들이 과거의 날렵한 럭비 선수들보다 부상에 훨씬 더 취약한 것처럼, 덩치 큰 밀은 새로운 세균과 기후 변화에 하루가 다르게 약해지고 있다. 과학자들은 점점 더 예측 불가능해지는 날씨와 식물 병원체에 잘 견딜 수 있는 새로운 밀 품종 개발에 매달릴 수밖에 없다. 이러한 밀에게 과연 한계를 넘어서는 강한 생존력을 부여할 수 있을까?

거대 농업국인 미국과 러시아 그리고 중국이 지금 당장은 우리의 곡물 수요량을 충족시키고도 남는 생산 능력을 갖추고 있는 듯하다. 그러나 최근 오직 영국산 밀만 사용하겠다던 약속을 저버릴 수밖에 없었던 위타빅스나 호비스Hovis 같은 기업이 직면한 상황을 보며 식품 가격 인상과 곡물의 질 저하라는 불안한 미래를 예측할 수밖에 없다. 21세기에 들어서면서 밀의 장점보다는 밀 섭취의 폐해를 다룬 소식도 더 많이 들려온다. 곡물 수요의 끝없는 증가가 이처럼 부정적인 결과를 가져온 것이다. 영국에서 생산되는 빵의 80%가 거치는 콜리우드식 빵 가공법Chorleywood Bread Process은 저단백 밀을 사용한 함량 미달 제품을 대량으로 쏟아낸다. 나는 대대로 제빵업에 종사해 온 집안에서 태어났는데, 언젠가 작은할아버지께서 비꼬는 투로 현대 제빵 기술은 '물을 일으켜 세우는 기술'이라고 말씀하셨다. 사실 슈퍼마켓에서 판매하는 대부분의 빵은 솜덩이에 껍질을 씌워놓은 것과 다름없다. 나는 콜리우드식 빵 가공법 사용이 줄어들거나 완전히 사라진다면 글루텐 불내증gluten intolerance과 셀리악병coeliac disease(만성 소화 장애증) 환자 비율이 어떻게 바뀔지 무척 궁금하다.

최악의 시나리오가 펼쳐진다면 우리는 밀 사용을 재평가할 기회조차 얻지 못할 것이다. 밀 수확량이 30%나 감소한 2012년 여름 같은 흉년이 또다시 든다면 영국은 밀 수입량을 100만 톤 이상 늘려야 할 것이고, 그로 인해 저급 밀의 가격마저도 치솟을 것이다. 흉작뿐만 아니라 아시아에서 밀 수요가 늘어나고 세계적으로 바이오 연료 사용이 증가하는 것을 고려하면 밀 가격은 앞으로 수십 년 동안 고공행진을 이어갈 것으로 예상된다. 영국 가정의 에너지 사용량이 최근 25% 감소했는데 이는 명백히 상품 가격 상승 때문이다. 밀 가격 인상은 밀을 대하는 우리의 태도를 변화시킬 것이 분명하다. 빵은 특별한 음식이 될지 모르고, 해마다 폐기되는 68만 톤의 '식용 가능한' 빵은 더 이상 헛되이 낭비되지 않을 것이다. 오래 전 소크라테스는 "밀 문제에 무지한 사람은 정치가가 될 자격이 없다."고 했다. 이 말은 오늘날에도 여전히 유효하다. 밀을 원료로 하는 수많은 식품을 생각해서라도 지금이야말로 밀을 귀중하게 여겨야 할 때다. ■

옥수수
MAIZE

베일에 싸인 탄생 과정

글 리처드 아슬란 *Richard Aslan* 사진 팀 로비슨 *Tim Robison*

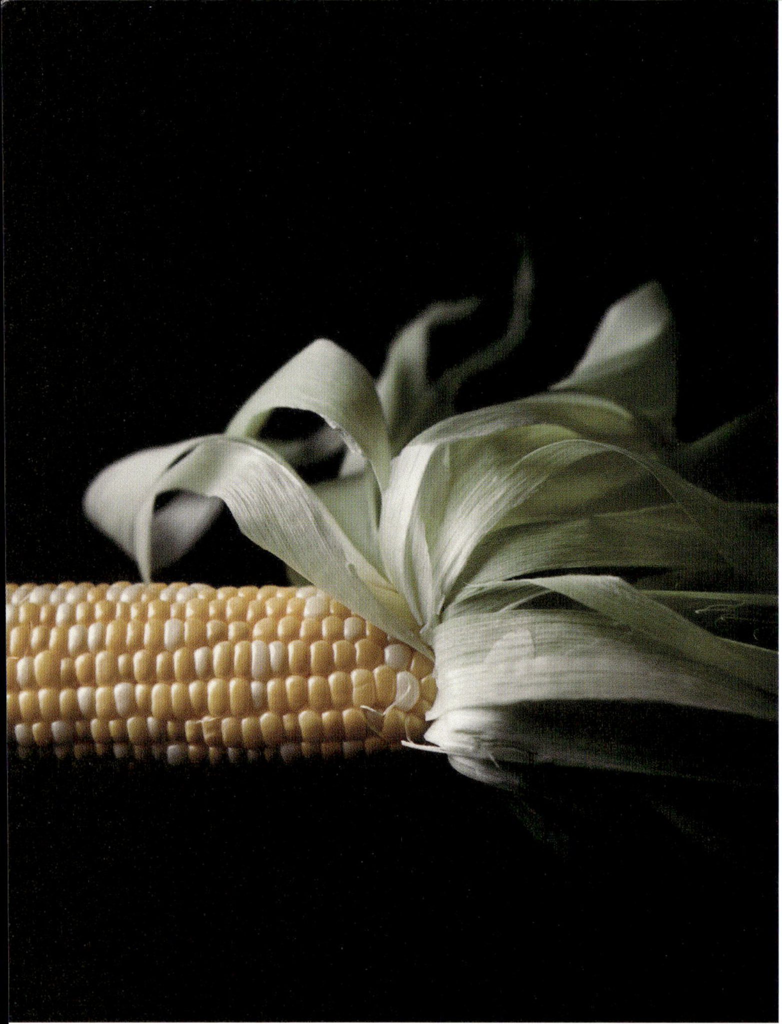
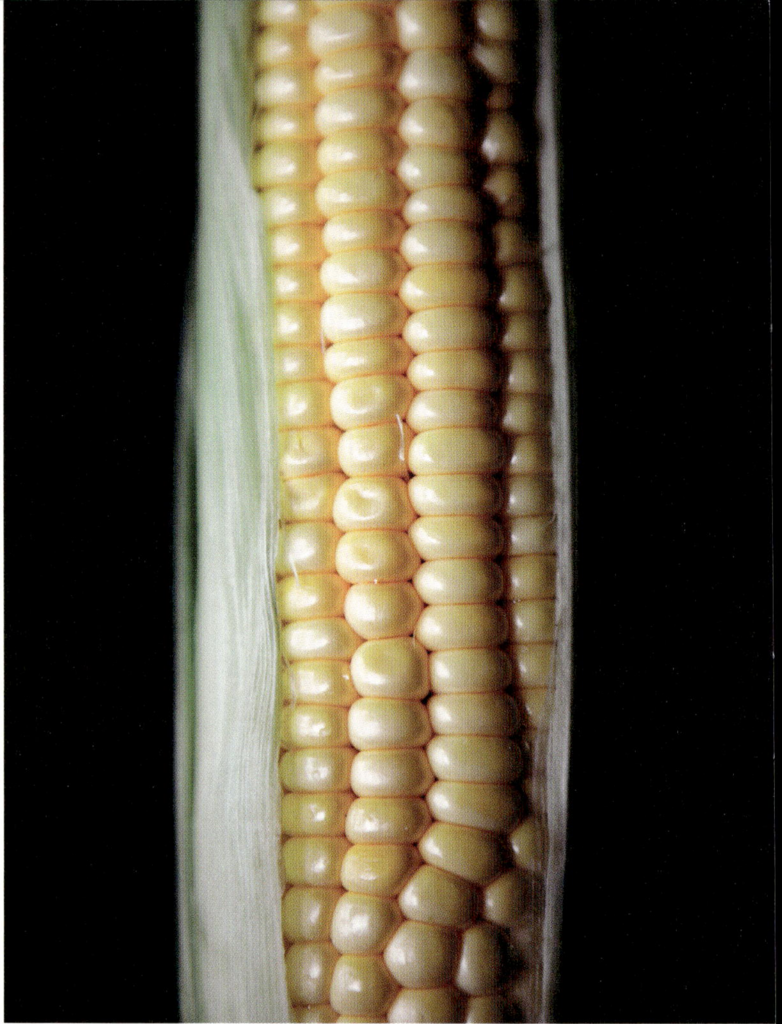
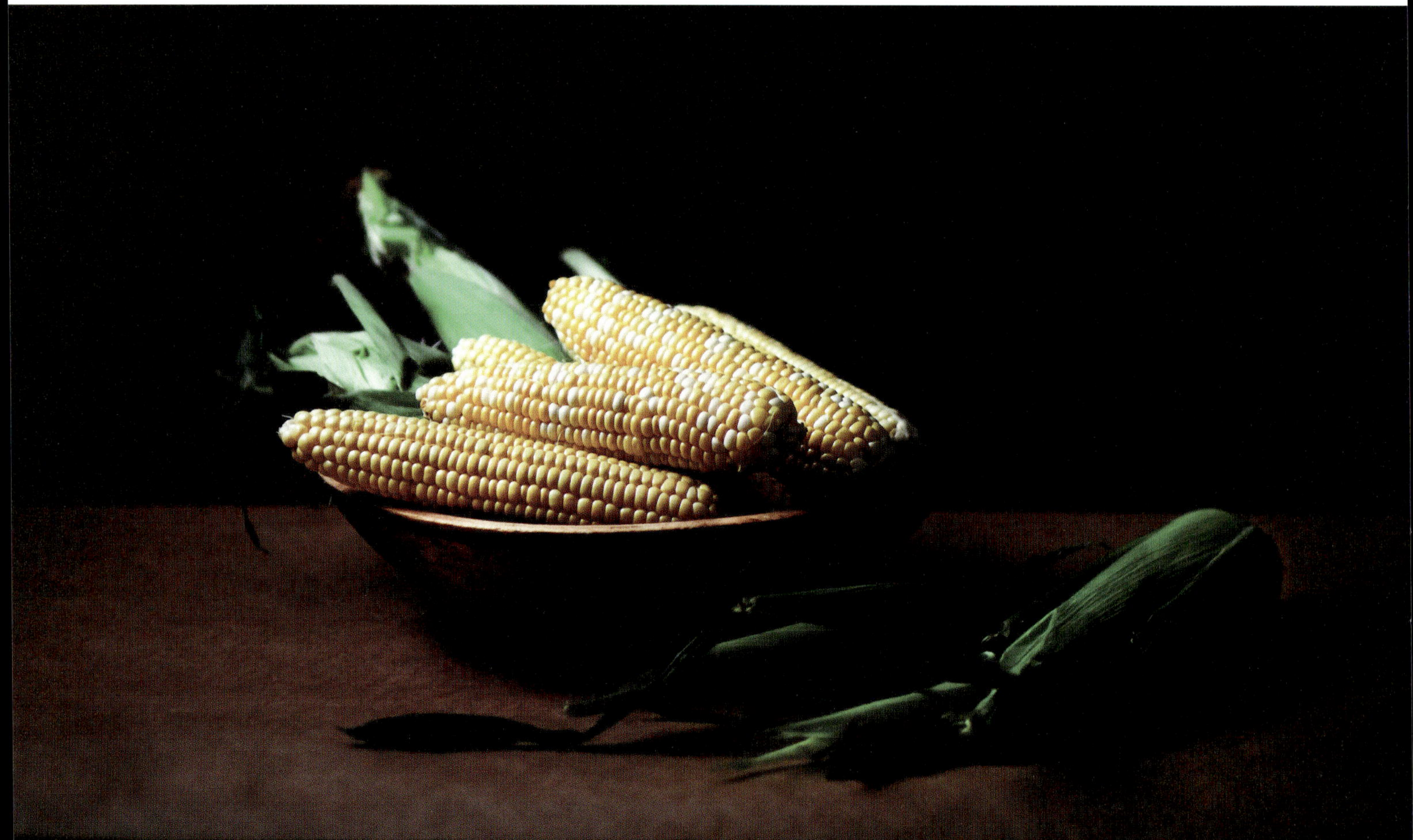

> 고고학자들이 발굴한 가장 오래된 옥수수 속대는 멕시코 남부의 거친 땅 오악사카에서 발견되었는데 이는 약 6,000년 전 것으로 추정된다.

아프리카와 마찬가지로 아메리카에서도 옥수수는 가장 많이 재배되는 곡물이다. 옥수수는 밀 그리고 쌀과 더불어 21세기 전 세계 농작물의 트로이카를 이루며, 우리 식생활에 없어서는 안 될 곡물로 자리잡았다. 고대 메소아메리카Mesoamerica는 옥수수 덕분에 도시화를 이룰 수 있었다. 토양이 척박하고 물이 부족한 지역에서는 대부분 가족 단위로 이루어진 소규모 유랑민들이 수렵과 채집 또는 자급적 농업으로 생계를 이어갈 수밖에 없다. 그러나 이러한 생활 방식은 기원전 2,000년경 멕시코와 이로부터 세월이 조금 흐른 뒤 마야 문명이 번성했던 유카탄Yucatán 그리고 오늘날 과테말라가 된 지역에서 완전히 바뀌었다. 텅 비어있던 전원 지대에 네모진 초가집과 수백 명의 주민으로 이루어진 정착촌이 띄엄띄엄 자리를 잡기 시작한 것이다. 이는 오늘날 농촌의 모습과 다를 것이 없었다. 마야 문명과 아즈텍 문명으로 대표되는 위대한 메소아메리카 문명은 이렇게 옥수수 농경을 바탕으로 꽃피울 수 있었다. 메소아메리카 문명 번창의 중심에 있던 옥수수는 칠리와 치아chia와 더불어 문명이 나타나기 훨씬 전, 즉 최대 5,000년 전부터 재배되었다. 바로 여기에서 의문점이 생긴다. 기원전 2,000년경 무엇인가가 인구 밀집이 가능하도록 생태계의 수용 능력을 크게 변화시킨 것이다. 그것이 무엇이었는지 밝혀내려면 처음으로 돌아가야 한다.

오늘날의 세상이 형성되기까지, 그 인과 과정을 이해하는 데에는 무수한 허점이 존재한다. 우리가 농경 역사에 대해 알고 있는 사실 역시 그렇다. 옥수수 재배에 관한 초기 역사는 그 일부분만 밝혀졌을 뿐 과학적·역사적 견해가 서로 엇갈린다. 그러나 최근 이 이론들을 아우른 논리 정연한 설명이 골격을 갖추기 시작했다(물론 논리 정연함이 진실이라는 보장은 없다). 옥수수는 바나나와 마찬가지로 재배종cultigen이다. 재배종이란 넓은 의미로는 인공 교배의 영향을 크게 받은 모든 곡물을 가리키고, 여기에서 사용된 것처럼 좁은 의미로는 비슷한 야생종을 쉽게 찾아볼 수 없는 곡물을 뜻한다. 지아Zea과에 속하는 야생초가 특유의 속대와 수염을 지닌 옥수수로 재배되기까지의 과정은 아직 밝혀지지 않고 있다. 고고학자들이 발굴한 가장 오래된 옥수수 속대는 멕시코 남부의 거친 땅 오악사카Oaxaca에서 발견되었는데 이는 약 6,000년 전 것으로 추정된다. 방사성 탄소 연대 측정 결과 이보다 오래된 약 9,000년 전 것으로 추정되는 자료가 발견되기도 했지만 이 분석은 옥수수 자체가 아닌 함께 발견된 유물을 대상으로 실시한 것이었다. 따라서 이는 흥미롭기는 하지만 결정적인 증거는 아니었다. 보다 최근에 실시한 분자 연대 측정과 유전자 지도 제작 결과, 역시 비슷한 시기의 것으로 추정되는 옥수수는 미초아칸Michoacan과 멕시코 그리고 게레로Guerrero가 만나는 곳이며 계절성 폭우와 지진 활동으로 유명한 발사스Balsas 강 유역에서 발견되었다. 9,000년 전이라는 시기는 메소아메리카에

▶▶▶

◀◀◀

서 최대 1만 년 전에 곡물 재배가 시작되었다는 통념과도 들어맞는다. 또한 발사스 강 유역은 옥수수와 가장 가까운 야생 곡물 테오신트teosinte가 풍성하게 자라는 곳이기도 하다.

모든 것이 잘 설명된 것 같지만 테오신트 한 자루를 옥수수 옆에 놓아보면 무언가 석연치 않다. 테오신트는 손가락 길이 정도밖에 안 되며 옥수수보다 훨씬 더 가늘고 부피도 수백 배 작다. 열에서 열다섯 개 정도밖에 안 달린 낱알은 약간 비스듬한 모양에 한 줄로 층층이 쌓인 채 단단한 목질 껍질에 덮여있다. 이렇게 호리호리한 테오신트가 어떻게 다육질 낱알의 굵직한 옥수수로 변화했는지 상상하기 힘들다. 테오신트와 옥수수의 중간 형태라고 증명된 것이 없기 때문에 과학자들은 초기 멕시코인들이 이토록 극적이며 행운에 가까운 변화를 어떻게 이루어냈는지 추측할 수밖에 없다. 멕시코와 과테말라의 옥수수 밭 가장자리에서는 흔히 잡종이 발견된다. 대를 이은 이종교배의 결과로 오늘날의 옥수수가 탄생했다고 설명할 수도 있을 것이다. 또한 테오신트 가운데에는 바빌로브 의태Vavilovian Mimicry(인공적 선택에 의해 주위 생물들과 비슷한 특성을 갖게 되는 것 - 옮긴이) 과정을 거쳐 주변에서 자라는 옥수수와 비슷한 특징들을 갖게 된 변종들도 있다. 그러나 이 두 가지 논리 모두 옥수수와 테오신트 사이에 존재하는 뚜렷한 차이점이 처음에 어떻게 생겨났는지 설명하지 못한다. 이종교배나 의태로 옥수수와 비슷한 테오신트가 생겨났다는 논리가 맞으려면 옥수수가 이미 존재해야 하기 때문이다.

일부 과학자들은 테오신트가 옥수수의 특징을 더 적게 지닌 트립사쿰Tripsacum이라는 풀과 옥수수의 교배로 생겨난 잡종이라고 주장해 더 큰 혼란을 야기하기도 한다. 하지만 이 역시 옥수수의 기원을 시원하게 설명하지 못해 논의는 다시 원점으로 돌아왔다.

이종교배설은 이론적 맹점에도 불구하고 1969년 일리노이대학에서 열린 학회에서 가혹한 퇴출을 당하기 전까지 과학계에서 가장 설득력을 지닌 이론이었다. 학회장이던 마젤스도르프Magelsdorf 박사는 평생을 바친 자신의 연구 결과를 발표하면서, 이종교배의 결과로 옥수수가 출현했음을 설명하기 위해 (지금은 불가사의하게 사라진) 제3의 종이 존재한다고 주장했다. 그러나 일티스Iltis 박사가 벌떡 일어나 그의 주장을 하나하나 반박했고, 마젤스도르프는 불같이 화를 내며 회의장을 떠났다. 당시 일티스 박사는 이종교배설을 공격하기는 했지만 이를 대체할만한 이론을 제시하지는 못하다가 1983년이 되어서야 마젤스도르프의 이론을 대신할 논리적 학설을 정립했다. 그는 개화 기관을 대대적으로 재조직한 일련의 돌연변이 과정을 거치며 옥수수의 생리에 커다란 변화가 생겼다고 주장했다. 그는 초기 멕시코인들이 개입하지 않았다면 옥수수는 가혹한 돌연변이 과정을 견디지 못해 야생에서 생존하지 못했을 수도 있다고 말하기까지 했다. 일티스 박사의 돌연변이설은 과학적으로 입증되지는 못했다. 하지만 최근 진행된 유전 연구에서 테오신트와 옥수수의 차이점 대부분이 유전자에 발생한 단 하나의 경미한 돌연변이에서 비롯되었음을 드러났다. 한 가지 더 주목할 점은 화산 폭발로 인해 환경 속 중금속이 증가함에 따라 이러한 돌연변이가 생겨날 수 있다는 사실이다.

▶▶▶

◀◀◀

메소아메리카 인구의 급격한 증가 원인을 밝히기 위해서 이제 아즈텍인들에게 눈을 돌려보자. 그들의 조상인 유랑민 나우아Nahua 족은 인구 급증과 뒤이은 도시화와 때를 같이하여 멕시코 북부를 떠나 이동해왔다. 메소아메리카에 뒤늦게 도착한 나우아 족이 기존 거주민인 올멕Olmec 족, 톨텍Toltec 족, 믹스텍Mixtec 족 그리고 마야인들에게 옥수수 재배 기술을 배웠다 하더라도 그들 스스로 옥수수 섭취 방법을 크게 바꾸지 않았다면 메소아메리카는 옥수수의 이점을 충분히 활용하지 못했을 것이다. 결국 마야인들의 인구 급증도 가능하지 않았을 것이다. 메소아메리카는 복잡한 도시 문화가 발달한 다른 그 어느 곳보다도 심각한 식량난에 시달렸다. 메소아메리카인들은 양이나 소 없이 칠면조 사육과 이따금 사냥으로 잡은 동물에서 단백질을 얻었다. 옥수수는 세계 주요 곡물 중 고열량 식품에 속하지만 초기 멕시코인들의 영양 결핍 문제까지 해결해주지는 못했다. 그러나 나우아 족의 요리법은 육류 섭취 필요성을 크게 줄여주었다. 원래 옥수수에 함유된 아미노산은 풍부하기는 하지만 화학적으로 결합되어있어 소화 과정을 거쳐도 완전히 흡수되지 않는다. 이에 나우아 족은 옥수수의 낱알을 석회와 재를 섞은 물에 담그기 시작했다. 고알칼리성 용액은 필수 아미노산 중 하나인 트립토판tryptophan을 녹여낼 뿐만 아니라 옥수수의 칼슘 성분을 강화해 영양가를 높여준다. '닉스타말화nixtamalisation'라는 단어라고 알려진 이 침지법沈漬法의 명칭은 '재'와 '반죽'을 뜻하는 나우아어 단어를 결합한 '닉스타말nixtamal'에서 유래했다. 다른 나우아 요리들처럼 옥수수에 리신lysine이 풍부하게 함유된 콩을 곁들이면 인체에 필요한 단백질을 식물성 식품으로도 부족함 없이 섭취할 수 있다. 닉스타말 토르티야tortilla, 타말레tamale, 옥수수 죽, 포솔레pozole 같은 수프는 콩뿐만 아니라 부족한 영양소를 보충하는 여러 다른 식재료와 함께 식탁에 오른다. 칠리는 철분, 리보플라빈, 니아신, 비타민 A와 C를 다량 함유하고 있으며 치아는 철분, 인, 칼슘의 훌륭한 공급원이고, 야생 허브는 칼슘과 비타민 A 섭취량을 늘려준다. 이 나우아 요리법은 빠르게 이웃 원주민 집단에게, 특히 마야 족에게 전해진 듯하다. 그 결과로 인구 급증과 도시화가 이루어졌던 것이다. 그러나 우리는 나우아 족이 어떻게 해서 옥수수를 맨처음 석회와 재를 섞은 물에 담그기 시작했는지 알 수 없다. 질문을 받은 나우아 요리사들은 이 닉스타말화 과정을 거치지 않고서는 제맛을 내는 토르티야를 만들 수 없다고 대답할 뿐이다.

이후 옥수수가 아메리카에서 중요한 곡물이 되었음은 그 누구도 반박할 수 없다. 아즈텍 문명이 멕시코 계곡 유역에서 꽃을 피운 14세기에 메소아메리카 전역과 남아메리카 안데스 지역의 상당 부분 그리고

▶▶▶

◀◀◀

오늘날 미국이 된 넓은 지역은 옥수수에 크게 의존했다. 한때 전성기를 누렸지만 아즈텍 족이 패권을 차지하면서 쇠퇴의 길로 접어든 마야 도시에서도 옥수수는 여전히 가장 중요한 곡물이었다. 마야 신화에는 번개의 신이 자양물의 산 하나를 쪼개 그 속에 있던 옥수수를 인간에게 드러내 보이는 장면이 등장한다. 마야 신전은 이 산의 모양을 닮았다. 옥수수의 신은 땅을 뚫고 나오는 초록빛 옥수수 싹이 연상시키는 부활을 상징한다. 훗날 기독교가 마야 문명 중심지에 들어왔을 때 '부활'이라는 주제는 생활 곳곳에 스며들었으며 신성한 언덕 위에는 십자가가 세워졌다. 안데스 산맥을 축으로 터를 잡은, 질서 정연하고 절도 있던 잉카 제국에서 라마는 가장 높이 평가받는 가축이었고, 옥수수는 식물 가운데에 우위를 차지했다. 잉카 제국의 수도 쿠스쿠Qusqu(오늘날의 쿠스코Cusco)에서는 날마다 옥수수와 코카 잎 그리고 라마가 인티Inti(태양)에게 제물로 바쳐졌다. 잉카인들은 자신들이 태양의 후손이라고 믿었다. 옥수수는 해마다 열리는 정화淨化의 축제 시투아Situa에 없어서는 안 될 곡물이기도 했다. 잉카인들은 어린아이의 양미간을 찔러서 얻은 피 몇 방울을 섞어 시투아에 사용될 옥수수 빵을 만들었다. 음력 5월 그리고 옥수수와 안데스 지역의 또 다른 주요 농작물인 감자의 씨 뿌리기가 이루어지는 8월에는 옥수수 축제가 열렸다. 잉카인들은 축제가 열리는 동안 풍년을 기원하고 자연재해, 전염병, 기근의 원인이 되는 죄를 씻어내기 위해서 기도를 드리고 제물을 바쳤다.

옥수수는 이렇게 아즈텍인들의 삶 한가운데를 차지했다. 옥수수의 신 센테오틀Centeotl과 머리 일곱 달린 뱀 치코메타틀Chicometatl은 옥수수와 직접적인 관계가 있었고, 비의 신 틀라록Tlaloc은 밭에 꼭 필요한 비를 뿌려주었다. 지금처럼 그 당시에도 나우아 농부들은 옥수수 알을 심으면서 기도를 드렸고, 여자들은 감사를 드린 뒤 옥수수를 요리했다. 또한 명예를 얻는 것은 '초록빛 옥수수 열매의 계절에 이르다'라고 표현했다. 마야 문명 그리고 잉카 문명이 전성기에 잔혹한 면을 이따금씩 드러냈던 것과 달리 아즈텍 문명은 일상화된 폭력을 충격적일 만큼 극단적으로 사용했다. 아즈텍인들은 옥수수 숭배를 그들 특유의 섬뜩한 행동으로 표현했다. '가죽이 벗겨진 군주'라는 뜻을 지닌 시페 토텍Xipe Totec은 옥수수에 대한 명백한 은유로, 가죽이 벗겨진 신이 감춰져있던 황금빛 살을 드러낸다. 아즈텍 사제들은 이러한 상징성을 더할 수 없이 잔인한 방법으로 표현했다. 그들은 풍년을 기원하는 뜻에서 살아있는 제물의 가죽을 벗겨 20일 동안 몸에 걸쳤다.

옥수수와 닉스타말화는 스페인 콩키스타도레conquistadore(정복자)의 손에 이끌려 대서양을 가로질렀고 세계 곳곳으로 전파되었다. 21세기 가장 중요한 곡물인 옥수수는 급증하는 세계 인구를 위한 식량 조달책을 제시하고 있다. 과학자들은 3,100만 달러를 들여 4년간 연구한 끝에 2009년 옥수수 유전자 지도를 완성했다. 이 지도를 바탕으로 선발 육종selective breeding(인위적 번식)은 비약적 발전을 이루었고, 옥수수는 인간이 GMO 혁명을 주도하며 자연을 통제하고 있음을 보여주는 전형적인 곡물이 되었다. 논란이 되고 있는 이 기술이 2,000년 전 닉스타말화가 메소아메리카인들에게 새 시대를 열어준 것처럼 인류를 안정과 번영으로 이끌지는 두고 볼 일이다. ■

옥수수의 다양한 이용법

전통적인 토르티야에서부터 현대인이 사랑하는 팝콘과 콘플레이크에 이르기까지, 식재료로 사용되는 옥수수의 조리법에는 끝이 없다. 옥수수빵과 타말레처럼 복잡한 과정을 거쳐 완성되는 요리가 있는가 하면 자루째 불에 구운 옥수수 엘로테elote처럼 아주 간단한 것도 있다. 옥수수는 인간의 배를 채우기보다는 가축의 입으로 들어가는 양이 더 많은 중요한 사료이기도 하다. 이런 특성을 지닌 덕에 옥수수의 대규모 재배는 20세기 초에 가장 먼저 유럽 전역으로 번졌다. 수프와 소스의 농후제에서부터 사탕의 기본 재료로 사용되는 옥수수는 특히 식품산업에서 다양한 방법으로 폭넓게 이용된다. 이외에도 옥수수 전분은 친환경 자동차의 연료로 쓰이는 에탄올을 비롯해 판지, 접착제 등 수많은 제품의 재료가 되기도 한다.

퀴노아
QUINOA

슈퍼푸드 시대의 제왕

글 로비 로렌스*Robbie Lawrence* 사진 캐런 모더카이*Karen Mordechai*

20년 전 영국의 한 농부는 자신이 기르는 꿩들이 퀴노아를 너무나 좋아하는 모습을 보고 "퀴노아는 새들에게 캐비아와 같다."면서 머지않아 영국인들도 퀴노아에 열광하게 될 거라는 내용을 담은 편지를 지인에게 보냈다. 실제로 지난 10년간 유럽, 북아메리카, 중국 등의 퀴노아 수입량이 폭발적으로 늘어난 것에 힘입어 전 세계 퀴노아 생산량은 1990년 20.3톤에서 2013년 80여 톤으로 크게 증가했다. 엄격한 채식주의자들과 건강식을 고집하는 사람들 그리고 지속가능성 연구가들로부터 그 가치를 높이 평가받는 퀴노아는 슈퍼푸드 시대의 제왕이다.

키가 50~100cm까지 자라며 창 모양 잎을 지닌 퀴노아 줄기 끝에는 수백 개의 작은 낱알이 달려 있다. 퀴노아는 정확히 말하자면 곡물이 아니다. 퀴노아는 흔히 볏과 식물로 오인되지만 시금치, 근대, 비트처럼 명아주과에 속한다. 안데스 고원의 자생식물인 퀴노아는 눈 덮인 산봉우리에서도 잘 자란다. 퀴노아는 안데스 저지의 충적토 지대에서부터 끝없는 초원이 펼쳐진 팜파스 그리고 그란차코Gran Chaco의 건조한 관목 지대에 이르기까지 거대한 띠 모양을 그리는 경작지에서 재배되며 황갈색, 적갈색, 분홍색, 초록색 등 다양한 빛깔을 띤다. 퀴노아는 한겨울 추위와 가혹한 여름 가뭄을 견딜 수 있는 생명력을 지닌 덕에 남아메리카인들에게 (적어도 기원전 300년부터) 1,000년이 넘는 세월 동안 꼭 필요한 영양공급원이 돼왔다. 마리나 브루노Maria Bruno 박사는 볼리비아의 농경 발달 시기(기원전 1,800~기원후 500년) 분석 논문에서 퀴노아는 현재와 마찬가지로 과거에도 남아메리카인들에게 가장 중요한 곡물이었다고 밝힌 바 있다. 퀴노아를 최초로 재배한 것은 안데스인들이었으며 퀴노아는 지금까지도 안데스 경제의 근간이 되고 있다. 키추아Quichua에서 '치사야 마마chisaya mama(곡물의 어머니)'라고 불리는 퀴노아는 지칠 줄 모른 채 영토를 확장하던 잉카 군대의 식량원이기도 했다.

안데스인들은 퀴노아가 함유한 다양한 영양소를

▶▶▶

> 채식주의자들은 퀴노아를 고기 대체식품으로 떠받들고, 몸매 관리에 신경 쓰는 사람들은 탄수화물 과다 섭취의 걱정 없이 퀴노아를 마음껏 먹는다.

◀◀◀

꼼꼼하게 분석해주는 현대 과학기술이 없던 시절부터 퀴노아의 높은 영양 가치를 한결같이 믿어왔다. 오늘날 퀴노아는 풍부한 단백질 그리고 리신과 이소류신을 비롯한 필수 아미노산을 제공하는 곡물로 각광 받고 있다. 퀴노아는 식이섬유, 인, 철분의 보고이기도 하고, 의학연구에 의하면 항산화물질과 일부 암 발생을 억제하는 소염물질 파이토뉴트리언트phytonutrient(식물성 생리활성 영양소)의 공급원이기도 하다. 최근 〈가디언Guardian〉에 실린 한 기사는 미국항공우주국NASA이 1993년 퀴노아가 지닌 뛰어난 영양을 주제로 발표한 보고서를 언급한 바 있다. "생명 유지에 반드시 필요한 모든 영양소를 공급하는 단일 식품은 없지만, 퀴노아는 동식물을 통틀어 가장 많은 영양소를 골고루 함유하고 있다."라는 내용이 담긴 이 보고서가 작성된 뒤 미국항공우주국은 장기 우주임무를 수행하는 우주인 식단에 퀴노아를 넣었다.

채식주의자들은 퀴노아를 고기 대체식품으로 떠받들고, 몸매 관리에 신경 쓰는 사람들은 탄수화물 과다 섭취의 걱정 없이 퀴노아를 마음껏 먹는다. 북아메리카, 유럽, 중국 그리고 일본처럼 퀴노아를 재배하지 않는 곳에서도 그 소비량은 엄청나다. 현재 퀴노아 1톤의 가격은 2006년에 비해 세 배나 오른 3,115달러다. 이러한 가격 폭등은 퀴노아가 남미 농부들에게 훌륭한 수입원이 되고 있음을 시사하지만 에콰도르, 페루 그리고 볼리비아의 가난한 주민들이 영양가 높은 주식이었던 이 곡물을 더 이상 구입할 수 없게 되었음을 뜻하기도 한다. 수출 수요가 높은 천연산물이 대부분 그렇듯 급성장하고 있는 퀴노아 시장은 심각한 불평등을 가져오고 있다. 퀴노아가 지닌 엄청난 '지속성'에 사로잡힌 윤리적 소비자들이 아이러니하게도 이 곡물을 재배하는 농민들을 빈농으로 몰아가는 것이다.

유엔식량농업기구FAO는 퀴노아에 대한 폭발적 수요에 따르는 문제에 대처하고자 2013년을 '국제 퀴노아의 해The International Year of Quinoa'로 지정했다. 유엔은 무엇보다 퀴노아가 전 세계의, 특히 다른 단백질 공급원을 구하기 힘든 나라들이 식량 안보를 강화할 수 있는 잠재력을 지닌 곡물임을 알리고자 노력했다. 아울러 유엔은 재배하기 쉽고 영양가 높은 퀴노아의 '관리자'인 안데스 원주민들이 세계 식량안보에 크게 이바지하고 있음을 강조했다. ■

풀
GRASS

잔디의 식용 가능성을 탐구하다

글 리처드 아슬란 *Richard Aslan* 사진 스티븐 렌털 *Stephen Lenthall*

쌀, 밀, 옥수수, 보리, 호밀 등 곡식을 아무리 많이 섭취한다고 해도 초록빛 풀에 들어있는 영양분을 모두 얻을 수는 없다. 우리는 풀뿐만 아니라 티크 나무 식탁의자로 배를 채우면서 목숨을 이어갈 수도 있다. 두 가지 모두 셀룰로오스cellulose로 이루어졌기 때문이다. 셀룰로오스는 나무와 풀을 비롯한 대부분 식물의 세포벽을 이루는 물질로, 빵이나 감자에 함유된 탄수화물과 화학적 조성은 같지만 화학식$(C_6H_{10}O_5)n$만 보아도 짐작할 수 있듯 복잡한 구조로 이루어졌다. 우리는 탄수화물을 단당으로 변환해야만 소화할 수 있다. 그러나 아무리 꼭꼭 씹어도 셀룰로오스는 분해되지 않는다. 광합성 작용이 활발히 이루어지는 맑은 날에는 풀에서 단당이 만들어지기도 하지만 그 양은 의미를 부여하기 힘들 정도로 적다. 끊임없이 늘어나고 있는 세계 인구가 2050년 100억에 달할 것으로 예측되는 지금, 잠재적 식량 공급원이라고 볼 수 있는 풀을 외면할 수 있을까? 목초지, 열대초원, 평범한 잔디밭을 가릴 것 없이 지구 육지 면적의 20~40%를 차지한 채 자라는 풀은 어디에서나 흔히 볼 수 있다. 소는 풀을 먹는다. 토끼도 마찬가지다. 그렇다면 우리는 너무 쉽게 포기하는 것이 아닐까? 자연을 관찰하면서 몇 가지 비결을 배우고 해부학적 적응을 위해 조금만 노력한다면 우리도 풀을 먹을 수 있지 않을까?

소의 방식
어떻게 이루어지는가?
정확히 말하자면 이것은 소만 이용하는 방법은 아니다. 양, 염소, 낙타, 라마, 사슴 그리고 기린도 되새김질Ruminant Method을 하기 때문이다. 라틴어 '루미나레ruminare'는 '다시 씹다'라는 뜻을 갖는다. 저작咀嚼(음식을 입에 넣고 씹는 것)은 되새김질의 기본이다. 먼저 넓적한 커다란 이로 풀을 뜯은 다음 어금니로 으깬다. 이어서 4개의 방(반추위, 벌집위, 중판위, 주름위)으로 이루어진 특별한 위(이따금 독립된 4개의 위가 있다고 주장하는 사람들도 있지만 반추동물은 깔끔하게 나뉜 단 하나의 위를 갖고 있다)로 풀을 내려 보낸다. 씹어 삼킨 풀은 제1위와 제2위인 반추위와 벌집위에서 맹렬한 세균의 공격을 받아 부드러워진 뒤 입속으로 역류되고 다시 저작된다. 풀은 되새김질의 또 다른 핵심인 이 과정을 통해서 어느 정도 발효된다. 거품을 머금은 걸쭉한 상태가 된 풀은 다시 한 번 목으로 넘어간 뒤 중판위로 들어가고, 바로 이곳에서 수분과 미네랄이 흡수된다. 마침내 풀이 주름위에 도착했을 때 충분히 분해된 당류는 인간의 소화과정과 매우 비슷한 단계를 거쳐 흡수된다.

인류의 선택 가능성은?
희박하다. 인간의 뇌가 커지면서 위는 작아졌다. 현대인들의 미적 선호도를 고려할 때, 4개의 방으로 이루어진 거대한 위를 지닌 채 먹은 음식을 끊임없이 되새김질하는 것은 대중의 호응을 얻기 힘들 듯하다. 또한 이러한 방식은 장에 가스가 차서 부글거리는 부작용 또한 낳을 것이다. 반추동물이 내뿜는 트림과 방귀가 지구온난화에 미치는 영향이 심각한 상황에서 부글대는 100억 개의 장을 추가하는 것은 지구를 구하려는 노력과는 거리가 멀다.

토끼의 방식
어떻게 이루어지는가?

▶▶▶

◀◀◀

기다란 귀와 솜뭉치 같은 꼬리가 달린 토끼는 해부학적으로 뛰어난 동물인 듯하다. 토끼는 반추동물처럼 여러 방으로 나뉜 위를 갖고 있지 않은 데에다 되새김질보다 훨씬 더 근본적인 방법으로 풀을 소화한다. 깜찍한 모습의 토끼는 자신의 대변을 먹는다. 기니피그나 친칠라 같은 일부 다른 설치류와 마찬가지로 토끼도 맹장이 발달했다. 영양분이 완전히 흡수되고 남은 섬유소를 동글동글하고 단단한 똥으로 배출하는 토끼는 영리하게도 소화가 덜 된 섬유소를 맹장으로 보낸다. 섬유소는 맹장에서 세균과 만나 발효되고 놀랍게도 '케이크'로 묘사되기도 하는 '시코트로프 caecotroph'가 되어 토끼의 몸 밖으로 나온다. 실리를 추구하는 토끼는 이 부드러운 똥을 먹고, 소화 과정은 다시 시작된다.

인류의 선택 가능성은?
없기를 진심으로 바란다.

흰개미의 방식
어떻게 이루어지는가?
커다란 위도 없고 자신의 대변을 먹고 싶은 마음도 없는, 바퀴벌레과에 속하는 흰개미는 셀룰로오스가 주성분인 먹이를 다른 생물체로부터 도움을 얻어 소화한다. 게걸스러운 흰개미는 소나 토끼와 달리 풀이 아닌 나무에서 셀룰로오스 대부분을 얻는데, 대들보부터 흔들의자까지 뭐든지 닥치는 대로 먹어치우기로 유명하다. 그러나 정확히 말하자면 흰개미는 셀룰로오스를 전혀 소화하지 못한다. 흰개미는 장에 기생하는 트리코님파riconympha와의 '감동적인' 공생관계 덕분에 목재에서 당분을 얻는다. 흰개미는 목재를 갉아먹은 뒤 트리코님파에게 바통을 넘기고, 텁수룩한 가발을 뒤집어 쓴 눈물방울처럼 생긴 트리코님파는 흰개미의 장 속에서 쉴 새 없이 빠르게 움직이다가 셀룰로오스를 집어삼켜 몸 아래쪽으로 보낸다. 그런데 트리코님파 또한 셀룰로오스를 소화하지 못한다. 트리코님파는 단단한 나무 부스러기를 녹일 수 있는 효소 셀룰라아제를 분비하는 공생세균symbiotic bacteria에 의존한다. 끈끈한 관계로 묶인 이 삼인조는 셀룰라아제 덕분에 한껏 배를 채울 수 있는 것이다. 공생세균은 트리코님파의 몸속에 살거나 '피부'에 박혀있다. 공생세균의 채찍처럼 생긴 편모는 트리코님파의 '가발'을 이루고, 트리코님파를 흰개미 몸속에서 쉴 새 없이 움직이게 한다. 이 신비로운 공생관계를 들여다보는 연구자들은 편모로 뒤덮인 트리코님파가 배의 선장인지, 아니면 공생세균이 기없은 트림코님파를 난폭운전자처럼 마구 이동하도록 조종하는 것인지 확실히 알지 못한다고 말한다.

인류의 선택 가능성은?
나는 개인적으로 이 방식이 가장 낫다고 생각한다. 흰개미는 잘록한 허리선을 유지할 뿐만 아니라 거의 모든 형태의 셀룰로오스를 소화할 수 있다. 흰개미의 방식을 따른다면 우리는 풀을 뜯어먹는 것에 싫증이 날 경우에 낡은 이케아 IKEA 가구를 갉아먹을 수도 있다. 그러나 선뜻 풀을 씹어 먹으면서 행복한 오후를 보내기가 꺼려지는 것은 이 가발을 쓴 세균에게 조종당할까 두렵기 때문이다. ■

| 2 | 로스앤젤레스 *Los Angeles* | 미국 USA |

주 캘리포니아	✈ LAX 로스앤젤레스 국제공항	✈ SNA 존 웨인 공항
언어 영어 & 스페인어	달러 | $	인구 3백 8십만
여행자 정보 *discoverlosangeles.com*	📞 +1 (국제)	213 (지역)

케이스 스터디 하우스
CASE STUDY HOUSES

캘리포니아 주거 건축을 재정의하다

글 로비 로렌스 Robbie Lawrence　일러스트레이션 존 리치 Jon Rich

1918년 전쟁에 총력을 기울이던 독일이 패전하고 바이마르 공화국Weimar Republic이 들어섰다. 검열이 사라지자 젊은 독일 건축가들은 뜻을 모아 바우하우스Bauhaus를 설립했는데 이것은 디자인이 새로운 시대를 맞이하는 계기가 되었다. 그로부터 20년이 흐른 뒤 서쪽으로 바다와 들판을 가로지르고 산을 넘고 사막을 지난 곳, 캘리포니아 남부에 자리 잡은 작은 잡지사의 편집장이 자국 건축가들에게 바우하우스와 같은 모범을 실제로 보여줄 것을 호소했다. 미국은 인구폭발을 눈앞에 두고 있었다. 1945년 8월 일본이 항복하면서 제2차 세계대전이 마침내 막을 내리자, 그동안 군수품 대량생산으로 부를 축적한 미국은 파병되었던 군인들의 귀국에 힘입어 경제 성장을 가속화했다. 공업과 농업 규모가 커지기 시작했고 자동차산업은 10년 만에 네 배로 성장했다. 또한 기업이 늘어나면서 대기업이 출현했고 도시 곳곳에 패스트푸드점이 생겨났다. 신도시도 수없이 형성되었다. 급속한 경제 발전과 더불어 인구도 기하급수적으로 증가했다. 대공황과 더스트볼Dust Ball(1930년대 미 중부를 황폐화한 초대형 황사와 가뭄 - 옮긴이)에서 벗어난 젊은 부부들은 많은 자녀를 낳았다. 1940년대 말, 신생아 수는 10년 전보다 3분의 1이 늘어난 3,200만 명에 달했다. 사무직, 영업직, 회사원, 교사 등 가정을 이루고 집을 마련하고자 하는 중산층의 수가 갑자기 많아졌다.

존 엔텐자John Entenza는 1945년 1월 발간된 〈미술과 건축Arts and Architecture〉에 미국 건축가들에게 바라는 바를 담은 3쪽짜리 글을 실었다. 그는 새로운 건축자재를 사용할 수 있도록 한 정부의 허가를 최대한 활용해야 한다고 강조했다. 미국 건축계는 전후 경기 부흥을 맞이할 준비를 하지 못하고 있었지만 1930년대에 '케이스 스터디 프로그램Case Study Program'의 이론적 기초는 마련했다. 엔텐자는 모더니즘에 관한 폭넓은 지식과 디자인 기술을 지닌 뛰어난 편집자였다. 그리고 무엇보다도 스스로 위대한 정신을 가진 큐레이터이기도 했던 그는 창의적인 사고가 행동으로 이어질 수 있도록 다리 역할을 했다. 모더니즘을 긍정적으로 수용한 〈미술과 건축〉은 젊은 지역 건축가들의 참여에 힘입어 전후 건축이 나아갈 방향을 모색하던 이들이 결집할 수 있는 계기를 마련하였다.

허름한 〈미술과 건축〉 편집실. 셔터 틈새로 캘리포니아의 부드러운 햇살이 파고드는 담배 연기 자욱한 이곳에, 말쑥하게 옷을 차려입은 젊은 건축가들이 모여 앉아 디자인의 미래를 주제로 논쟁하는 모습에는 무언가 낭만적인 면이 있다. 그들은 회반죽과 강철 그리고 화강암을 직접 손으로 만지고 싶은

▶▶▶

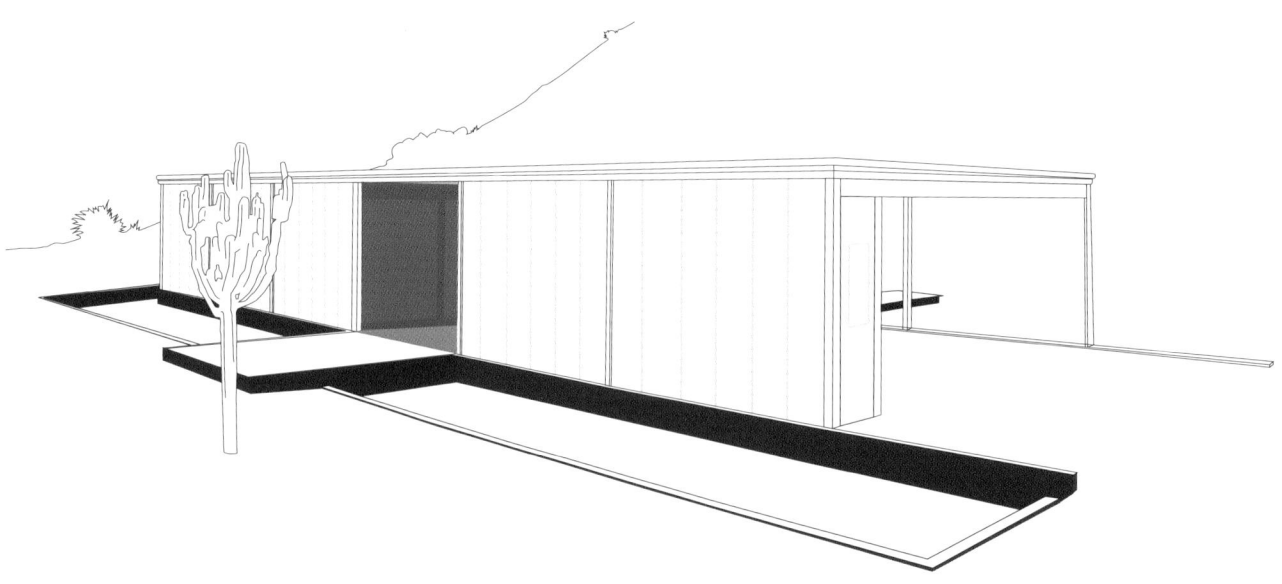

◀◀◀

열정으로 가득 차있었지만 루스벨트의 이상주의보다는 냉철한 실용주의로 무장하고 있었다. 케이스 스터디 프로그램의 수석 비평가 에스더 맥코이Esther McCoy는 이 시기를 '(질서를 재확립하고 책임을 부과한) 정화의 10년'이라고 묘사했다. 이 시기의 특징은 케이스 스터디 프로그램의 뼈대를 이룬, 미니멀리즘과 저비용을 추구하는 능숙한 디자인에서 또렷이 드러난다.

엔텐자가 케이스 스터디 프로그램을 진행하면서 추구한 것은 이 새로운 세대의, 깊이 고민하는 건축가들이 소망하는 바를 표현하고, 그 과정에서 예술을 '사회적 과정social process(사회생활에서 일반적으로 찾아볼 수 있는 반복되는 상호작용 양식-옮긴이)'으로 승화시키는 것이었다. 이런 점에서 케이스 스터디 프로그램과 바우하우스의 비전은 일맥상통한다. 케이스 스터디 프로그램은 미국 가정을 위한 '좋은 생활 환경' 조성에 초점을 맞춘, 모두를 위해 효율적으로 대량 생산된 주택 건설을 목표로 했다. 엔텐자는 처음에는 미국 내 잘 알려진 건축가 여덟 명에게 현시대의 삶을 표현하는 주택 설계를 의뢰할 계획이었다. 그러나 얼마 지나지 않아 케이스 스터디 프로그램은 큰 호응을 얻었고, 노이트라Neutra, 쉰들러R. M. Schindler, 하웰 해리스Harwell Harris, 그레고리 에인Gregory Ain, 찰스 임스Charles Eames, 로이드 라이트Lloyd Wright, 존 로트너John Lautner, 에드 킬링스워스Ed Killingsworth, 라파엘 소리아노Raphael Soriano, 크레이그 엘우드Craig Ellwood, 피에르 쾨니히Pierre Koenig 그리고 북쪽의 캠벨 & 웡Campbell & Wong과 윌리엄 월스터William Wurster에 이르기까지 위대한 혁신가로 꼽히는 건축가들의 참여가 이어졌다. 그들은 모두 '새로운 자재와 새로운 기법을 사용한, 대량 복제 가능한 주택 건설'이라는 기본 개념 아래 하나로 뭉쳤다. 케이스 스터디 프로그램은 개성을 드러내기 위한 무대가 아니라 (엔텐자의 말을 빌리자면) '우리 시대정신을 담은' 프로젝트였으며, 활력을 되찾은 미국 산업에서 얻은 자양분을 대중에게 튼튼하고 믿을 수 있는 물건으로 돌려주려는 노력이었다.

케이스 스터디 하우스 중에는 특히 주목할만한 작품이 많지만 피에르 쾨니히의 슈탈 하우스Stahl House와 월터 베일리 하우스Walter Bailey House가 대표적이다. 프로젝트의 취지에 따라 인간 중심의 연구, 기획, 설계, 시공 과정을 가장 잘 담은 주택 중 하나로는 찰스와 레이Ray 임스 부부의 작품을 꼽을 수 있다. 미주리 출신인 찰스와 캘리포니아 토박이인 레이는 오늘날 엔텐자 못지않게 케이스 스터디 프로그램의 동의어로 여겨진다. 정통 모더니즘의 대표 주자였던 찰스는 호평받는 가구 디자이너로도 활발히 활동하면서 뉴욕 현대미술관The Museum of Modern Art이 주최한 〈유기적 디자인 전Organic Design Show〉에서 1위를 차지하기도 했다. 그에게 이 상을 안겨준 성형 합판 의자는 20세기 가장 유명한 의자의 원형이 되었다. 그의 아내 레이 임스는 인테리어 디자이너이자 영화 제작자였다. 그녀는 남편처럼 갈채를 받진 못했지만 맥코이의 말대로라면 케이스 스터디 하우스가 완성되기까지 찰스 못지않게 중요한

▶▶▶

◀◀◀

역할을 했다.

> 전시 공간이자 주택인 임스 하우스는 찰스 혼자만의 작품이라고 믿기에는 너무 완벽하다. 임스 하우스에서는 간결함(구조)과 풍성함(인테리어)이 영화나 전시의 구성과 내용이 그러하듯 상호작용한다.

로스앤젤레스의 팰리세이즈Palisades에 위치한 임스 하우스는 바다가 내려다보이는 높은 곳에 자리 잡고 있다. 임스 하우스가 서있는 산타 모니카Santa Monica 협곡의 북단 위로 보이는 파란 하늘에는 솜뭉치 같은 구름이 떠있다. 찰스 임스와 (그의 오랜 작업 파트너) 에로 사리넨Earo Saarinen은 1945년 말 브리지 하우스Bridge House 도면으로 알려진 첫 설계도를 완성했지만 전쟁의 여파로 철강이 부족해 작업을 진행할 수 없었다. 그로부터 3년이 흐른 뒤에야 주문한 자재가 준비되었다. 이 무렵 임스 부부는 이곳의 자연 환경, 특히 나무 그늘이 드리워진 풀밭에 마음을 빼앗겼다. 그들은 태평양 연안의 시원한 여름 저녁이면 유칼립투스가 가지를 드리운 이곳에서 피크닉을 즐겼다. 임스 부부는 주변 환경을 보존하기 위해 도면에 따라 작업을 진행했다. 집터는 평평했지만 서쪽 가장자리에는 가파른 오르막으로 이어졌다. 깎아지른 비탈을 뒤로 하고 들어선 집의 정면은 자연스럽게 (임스 부부가 사랑한 풀밭이 펼쳐진) 동쪽을 향하게 되었다. 신조형주의Neo-Plasticism를 표방한 임스 하우스의 정면은 자연을 향한, 그리고 기하학적 추상 양식을 정립한 몬드리안을 향한 경의를 담고 있다.

철골에서부터 2층 높이의 탁 트인 창 그리고 회반죽, 합판, 석면, 에나멜 등으로 이루어진 평면에 이르기까지 주택 내부에 구조적 리듬이 느껴진다. 존 리치가 가는 선으로 표현한 일러스트는 이러한 리듬을 극대화해서 보여준다. 가늘고 길게 뻗은 강철과 유리로 이루어진 틀에 담긴 임스 하우스 내부는 레이가 수집한 다양한 예술품과 장난감 그리고 공예품으로 오밀조밀 꾸며졌다. 이 덕분에 임스 부부는 그들만의 독특한 모더니즘을 탄생시킬 수 있었다. 레이의 손으로 이루어진 인테리어는 장식을 배제하는 모더니즘과 상반되지만 집 안에 머무는 기쁨을 배가한다는, 엔텐자가 표방한 케이스 스터디의 원칙에 잘 부합한다. 임스 하우스는 공장에서 생산한 기능성을 인간의 행복 그리고 즐거움과 공존하게 했다는 점에서 케이스 스터디 프로그램의 대표작이라 할 수 있다.

케이스 스터디 하우스는 20세기 모더니즘이라는 바다에 높은 물결을 일으켰다. 케이스 스터디 프로그램은 1960년대에 열기가 가라앉았지만 그 뒤로도 수십 년 동안 미국 주택 건설의 지침이 되었다. 1962년부터 1967년까지 5년 동안 〈미술과 건축〉의 편집장직을 맡은 데이비드 트래버스David Travers는 〈미술과 건축〉을 캘리포니아 건축가들이 자라고 꽃피울 수 있도록 빛을 내려준 태양과 같은 존재라고 묘사했다. 소규모 독립 잡지가 거의 아무런 광고도 없이 디자인과 미학에 이토록 큰 변화를 일으키고 미국 건축이 풍성한 열매를 맺도록 밑거름이 되어 준 것은 참으로 놀라운 일이다. ■

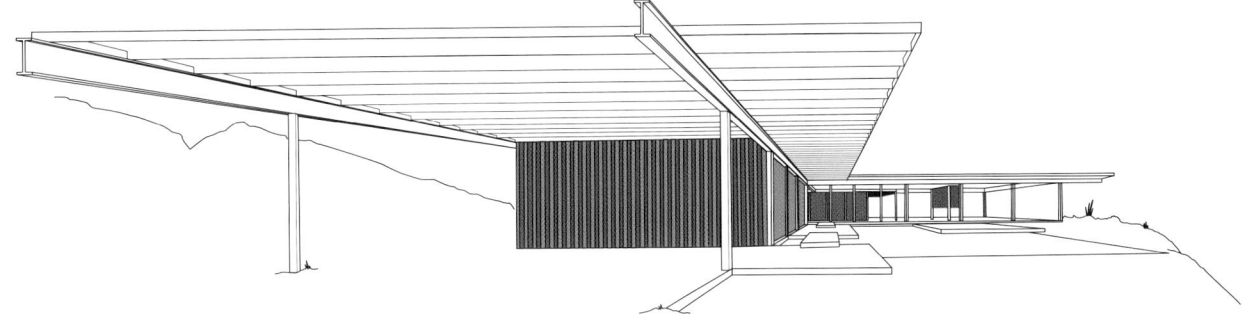

서핑
SURF

캘리포니아의 바닷물결

글 엘리자베스 슈비처 *Elizabeth Schwyzer* 사진 맥스 원저 *Max Wanger*

서핑보드를 장착한 오토바이가 방향을 트는 모습이 보인다면 말리부Malibu가 가까워졌다는 의미다. 구불구불한 언덕과 태평양이 만나는, 로스앤젤레스 카운티 서쪽 끝 말리부는 캘리포니아 서핑 족들이 가장 많이 모이는 곳이다. 서핑하기 좋은 파도가 일렁이는 해안이 그림처럼 펼쳐진 말리부는 1950년대 말에야 국제적인 명성을 얻었다. 1959년에 샌드라 디Sandra Dee 주연의 영화 〈기젯Gidget〉을 통해 사람들은 비로소 말리부가 건장한 체격의 서퍼들과 햇볕에 그을린 건강미 넘치는 아가씨들이 가득한 아름다운 해변임을 알게 되었다. 그로부터 몇 년 지나지 않아 말리부는 할리우드 스타들과 전 세계 관광객들이 즐겨 찾는 고급 휴양지가 되었고, 지금도 태평양의 파도를 만끽하고자 하는 세계 곳곳의 서퍼들을 불러 모으고 있다.

말리부를 가득 메운 인파에 합류하고 싶다면 개인 이동수단(서핑보드를 가져가면 자전거나 오토바이보다는 자동차가)이 필요하다. 북쪽에서 이동한다면 내륙 골짜기를 따라 구불구불 이어진 하이웨이 1Highway 1을 타면 된다. 중간에 포인트 무구Point Mugu에서 잠시 멈춰 부드러운 바닷바람을 느끼고, 암석지대가 터키색 빛깔의 바다와 만나는 멋진 풍경을 감상하는 것도 좋다. 이후 남쪽으로 구불구불 이어진 해안 도로를 따라 차를 몰다 보면 넘실대는 바다로 자꾸만 눈이 가겠지만 똑바로 앞을 보면서 차를 몰아야 한다. 이후 약 50km가량 유명 해변 그리고 협곡으로 이어지는 하이킹 코스가 숱하게 펼쳐진다. 아이들이 아주 작은 개미처럼 느껴질 만큼 거대한 모래언덕이 보인다면 이제 서핑의 중심지에 다 온 것이다. 길모퉁이를 몇 번 더 돌면 카운티 라인 비치County Line Beach에 다다른다. 말리부 북단에 자리한 이곳에서는 캘리포니아의 서핑 문화를 한껏 느낄 수 있다. 바다와 마주한 휴게소 넵튠스 넷Neptune's Net은 오토바이나 자전거 여행객들이 잠시 쉬었다 가는 곳으로, 해산물 요리를 선보인다. 언제나 붐비는 주차장에는 갖가지 오토바이들을 비롯해 앵두처럼 새빨간 페라리부터 서핑보드 랙을 단 녹슨 폭스바겐 버스에 이르기까지 온갖 종류의 탈것이 모여있다. 넵튠스 넷은 감자튀김을 안주 삼아 맥주 한잔을 하기에 더없이 좋은 곳이다.

카운티 라인 비치가 내려다보이는 나지막한 언덕에서 다양한 사람들을 만날 수 있다. 얼굴 피부가 가죽처럼 튼튼해 보이는 나이 든 서퍼들이

▶▶▶

차는 길모퉁이를 몇 번 더 돌아 카운티 라인 비치에 다다른다. 말리부 북단에 자리한 이곳에서는 캘리포니아의 서핑 문화를 한껏 느낄 수 있다.

◀◀◀

서핑하기 좋은 파도가 다가오면 탄성을 지르고, 가족과 함께 온 사람들은 음료를 마시며 잡담을 나눈다. 난간에 걸쳐 둔 웨트슈트wetsuit에서 물이 뚝뚝 떨어지고, 갈매기 떼는 바람을 타고 허공을 맴돈다. 노련한 서퍼들은 다른 조용한 해변을 선호하지만 카운티 라인 비치에도 제법 많이 모인다. 이곳을 찾은 7월의 토요일 오후, 100명은 족히 되는 사람들이 바다 위를 누비고 있었다. 해변의 동쪽 끝 안전 망루 밑에서 서배너Savannah라는 이름의 여자 안전요원이 바다를 지켜보고 있다. 그녀는 이곳을 찾은 사람들과 기쁜 마음으로 대화를 나눈다. "다들 여기에서 마음껏 즐기면 좋겠어요." 서배너의 목소리가 경쾌하다. 서퍼들은 보통 텃세를 부리기로 유명한 데에다 이따금 초보자들에게 너그럽지 못하기에, 이곳은 어떤지 서배너에게 물었다. "이곳을 흔히 '괴짜들의 바다'라고 하죠. 자기가 뭘 하고 있는지 모르는 사람이 많거든요." 서배너도 쉬는 시간이면 서핑을 즐긴다. 그녀는 아무리 사람이 많아도 언제나 빈 공간은 있다고 말한다. 바닷가에서 아이스박스를 옆에 두고 비치 의자에 누워있는 사람들은 바다에서 무슨 일이 벌어지든 놀라지 않는다. 나는 그들과 어울려 서핑을 구경하려고 따뜻한 모래밭에 발을 디뎠다. 미끄러지듯 날아가는 펠리컨 무리가 기다란 부리와 거대한 날개를 가진 우아한 선사시대 동물 같다. 서핑의 즐거움 가운데 하나는 이것이 사람들의 눈길을 사로잡는 스포츠라는 점이다. 우아한 곡선을 그리며 파도 속을 빠져나가는 훌륭한 서퍼는 춤꾼과 같다. 그들은 물 밖에서도 호기심의 대상이다. 나는 여러 가닥으로 꼰 머리를 무릎까지 길게 늘어뜨린 서퍼가 젖은 모래 위를 성큼성큼 걸어 해변의 서쪽 끝, 사람이 적은 곳을 향하고 있는 모습을 지켜보았다.

카운티 라인 비치를 떠나 남쪽으로 향하면 레오 카리요Leo Carillo, 엘 페스카도르El Pescador, 라 피에드라La Piedra, 엘 마타도르El Matador 등 끝없이 해변이 이어지는데, 이들 해변들은 약간의 주차요금을 받는 대신 카운티 라인 비치보다는 조금 나은 편의시설을 제공한다. 서핑을 즐기기에 좋은 말리부의 또 다른 해변으로는 니콜라스 캐니언Nicholas Canyon, 라티고 캐니언Latigo Canyon, 주마Zuma 등이 있다.

말리부는 1960년대에 흥행한 비치 파티 영화beach party film들 덕분에 유명해졌지만 버치 린덴Butch Linden 같은 서퍼는 〈비치 블랭킷 빙고Beach Blanket Bingo〉가 대형 영화관에서 상영되기 전부터 이곳에서 파도타기를 즐겨왔다고 한다. 1961년 린덴은 말리부 서핑 연합Malibu Surfing Association을 창설했다. 말리부 서핑 연합은 지금도 꾸준히 서핑 대회를 개최하며 말리부가 변함없이 사랑받는 서핑지가 되도록 노력하고 있다. 나는 린덴과 전화 통화를 했다. "예전에는 서핑 장소는 많고 서퍼는 적었어요. 웬만하면 다들 안면이 있는 사이였죠. 서핑 장소에 도착하면 서로들 인사를 나눴답니다." 상황은 달라졌지만 지금도 새벽 3시에 일어나 한적한 바다에서 서핑을 즐긴 뒤 들러붙은 머리와 소금기 어린 눈썹으로 학교로 향하는 젊은이들이 있다. 린덴처럼 노련한 서퍼와 초심자 그리고 열광하는 구경꾼과 캘리포니아 남부의 서핑 문화를 느껴보고자 하는 관광객 모두에게 말리부는 여전히 신성한 곳이다. 말리부에서는 바다를 사랑하는 마음 하나로 여러 문화가 만난다. 필요한 것은 그곳으로 안내해줄 이동수단과 서핑보드 그리고 커다란 비치타올뿐이다. ■

캘리포니아롤
CALIFORNIA ROLLS

안팎이 뒤집힌 역발상 초밥

글 찰리 리-포터*Charlie Lee-Potter* 사진 아나이스*Anaïs* & 댁스*Dax*

> 부드러운 식감, 김에서 살며시 느껴지는 요오드 맛, 잘 익은 아보카도의 풍성한 맛, 게살이 풍기는 은은한 해산물 맛은 환상적인 조합을 이룬다.

유서 깊은 무언가의 안팎을 뒤집는 것은 곧 혁명의 시작이다. 조각가 레이첼 화이트리드Rachel Whiteread를 떠올려보자. 런던 동부의 한 주택 내부를 콘크리트로 주조한 작품으로 그녀는 국제적인 갈채와 비난을 동시에 받았다. 건축가 리처드 로저스Richard Rogers의 놀라운 발상은 또한 어떤가. 그는 파리의 퐁피두 센터Centre Georges Pompidou를 설계하면서 내부 구조물인 파이프를 외부에 노출시켰다. 파란색, 빨간색, 노란색, 초록색 파이프는 각각 공기, 사람, 전기, 물이 지나는 통로다. 리처드 로저스의 이 역발상 디자인이 퐁피두 센터 디자인 공모전 수상작으로 선정되기 몇 해 전, 캘리포니아에는 안팎이 뒤집힌 혁신적인 초밥이 등장했다. 로저스는 건축계의 신기원을 이루었지만 세상의 첫 반응은 강한 반감이었다. 〈내셔널 지오그래픽National Geographic〉은 퐁피두 센터를 '다시 봐야 사랑할 수 있는' 건물이라고 표현했다. 어쩌면 캘리포니아롤에도 같은 말을 사용해야 할지도 모른다. 캘리포니아롤이 처음 만들어졌을 때 미국인들은 이 초밥을 '돌연변이'로 여기며 당황해했지만 이제 캘리포니아롤은 세계적으로 사랑받는 음식이 되었다.

자부심을 느낄 만큼 혁신적인 것들에는 그 기원을 둘러싼 논란이 따르기 마련이다. 캘리포니아롤도 예외는 아니다. 가장 설득력 있는 이야기는 다음과 같다. 1960년대 말, 로스앤젤레스에 위치한 식당 도쿄 카이칸Tokyo Kaikan의 일본인 주방장이 스시 재료로 사용할 기름진 참치 뱃살 확보에 어려움을 겪다가 아보카도를 대신 써보았다. 물론 참치 대신 아보카도를 사용했다고 혁명이라 부를 수는 없을 것이다. 하지만 초밥의 형태는 진정한 혁명이었다. 손님들은 일본 음식을 먹어본 적 없는 미국인 친구들을 데려오기 시작했고, 영리한 주방장은 소심한 미국인들이 초밥을 둘러싸고 있는 김의 생김새와 질감에 거부감을 느끼는 것을 알아차렸다. 그리하여 초밥의 안팎을 뒤집어 밥 속에 김을 감춘 것을 계기로 탄생한 캘리포니아롤은 이제 누구나 좋아하는 음식이 되었다.

캘리포니아롤은 의기양양하게 만족감을 선사한다. 캘리포니아롤은 샌드위치나 코니시 패스티Cornish pasty처럼 겉을 감싼 '포장'까지 내용물의 한 부분이 되는 음식이다. 콘월Cornwall 지방의 주석 광산 광부들은 점심 도시락으로 패스트리pastry를 그릇 삼아

▶▶▶

◄◄◄

그 안에 고기, 순무, 감자, 양파 등을 담아 가져갔다. 그들은 식사를 마친 다음, 더러운 손으로 잡고 있던 패스트리의 두툼한 주름 테두리를 떼어 버렸다. 그 당시 비소 중독은 광부들의 목숨을 위협하는 또 하나의 위험 요소였기 때문이다. 캘리포니아롤의 유래는 이처럼 어두운 역사에서 유래하는 코니시 패스티와는 다르지만, 둥글고 속이 꽉 찬 모양에 이동이 간편하고 먹기에도 편하다는 공통점이 있다. 처음에는 재료로 참깨를 섞은 초밥용 밥, 김, 길게 썬 아보카도, 해산물의 풍미를 더하기 위한 게살이 사용되었지만 시간이 지나면서 변화가 일었다. 흰살 생선을 압축해서 만든 게맛살이 게살을 대체하는 경우가 많아진 것이다. 캘리포니아롤 하면 초록색 아보카도와 빨간색 게살이 속에 든 모습이 떠오르지만 이제 슈퍼마켓이나 조리식품 판매점의 초밥 코너에서는 흰밥이 고등어, 참치, 비트, 오이, 마요네즈, 연어, 망고, 심지어 바나나까지 감싸고 있는 모습을 볼 수 있다. 겉에 묻히는 참깨는 생략하거나 칠리 페퍼로 대체해도 좋다.

캘리포니아롤을 씹는 순간 나는 오래된 카디건을 걸치고 앉아서 비디오를 틀어 콜린 퍼스Colin Firth 주연의 〈오만과 편견Pride and Prejudice〉을 감상할 때와 같은 기분을 느낀다. 위로가 되어 주는 편안한 그 순간, 모든 것은 익숙하기에 예측 가능하다. 엘리자베스 베넷Elizabeth Bennet은 늘 그렇듯 다시Darcy와 결혼할 것이고, 캘리포니아롤은 여느 때와 다름없이 즐거움을 안겨줄 것이다. 부드러운 식감, 김에서 살며시 느껴지는 요오드 맛, 잘 익은 아보카도의 풍성한 맛, 게살이 풍기는 은은한 해산물 맛은 누구라도 초밥을 좋아하기를 바랐던 일본인 주방장의 창의적인 사고와 만나 환상적인 조합을 이룬다. 캘리포니아롤은 집에서도 손쉽게 만들 수 있다는 또 하나의 장점을 지녔다. 필요한 것은 김발과 칼 그리고 여섯 살배기 수준의 손재주뿐이다. 소심한 미국인을 위해 실험 삼아 만든 퓨전 요리였던 캘리포니아롤은 이제 수많은 애호가를 거느린 하나의 완벽한 고전이 되었으며, 누구도 부정할 수 없는 캘리포니아의 보물이자 국제적인 슈퍼스타로 자리매김했다. ■

토팡가
TOPANGA

―――

도심의 아름다운 협곡

글 엘리자베스 슈비처 *Elizabeth Schwyzer*　사진 아나이스 *Anaïs* & 댁스 *Dax*

로스앤젤레스. 이것은 전 세계에 알려진 이름이자 미국 문화의 신화적인 면모를 드러내는 이름이다. 이 이름은 할리우드 스타들의 화려한 삶과 동시에 태양과 서핑 그리고 캘리포니아의 느긋한 생활방식을 떠올리게 한다. '천사의 도시'를 처음 찾은 사람들은 자칫 혼란에 빠질 수 있다. 복잡하게 얽힌 고속도로가 제멋대로 뻗어나간 이 도시에는 콕 집을 수 있는 단 하나의 중심지가 없기 때문이다. 따라서 남부 캘리포니아 문화의 중심지인 이곳을 가장 잘 즐기는 방법은 몇 군데를 골라 꼼꼼히 둘러보는 것이다. 이때 자연의 아름다움과 매력을 느끼고 싶다면 토팡가 협곡은 그야말로 완벽한 곳이다. 태평양 연안 로스앤젤레스 서쪽 끝에 위치한 토팡가 협곡은 산타모니카 산맥Santa Monica Mountains을 가로질러 산 페르난도 밸리San Fernando Valley에 이른다. 고요한 아름다움을 지닌 이곳에는 예부터 사람들의 발길이 끊이지 않았다. 이곳을 신성한 만남의 장소로 여긴 아메리카 원주민들에서부터 휴양지로 삼은 1920년대 할리우드 스타들에 이르기까지, 토팡가 협곡은 많은 이들에게 일상으로부터의 탈출, 영감의 원천 그리고 자연과의 연계성을 상징하는 곳이 되어왔다.

이 바위투성이 습곡에 살고 있는 사람은 2만 5,000명이 조금 안 되지만 오가는 사람은 매주 수천 명이다. 방문객들은 잠시 일상에서 벗어나 하이킹을 즐기며 활력을 되찾기도 하고 번화가에서 식사를 하거나 다양한 예술 축제를 둘러본다. 명소인 토팡가 캐니언 주립공원Topanga Canyon State Park은 세계에서 가장 넓은 개방형 보호구역 중 하나다. 1만 1,000에이커(약 4,450만 m²) 면적에 해발 2,000피트(약 610m) 높이에 달하며 하이킹 코스가 거미줄처럼 이어진 이곳에서는 로스앤젤레스 분지가 한눈에 내려다보인다. 토팡가 캐니언 대로Topanga Canyon Boulevard에 명예의 거리는 없지만 이곳을 자신의 보금자리라고 부른 유명인들은 험프리 보가트Humphrey Bogart, 셜리 템플Shirley Temple, 피터 로어Peter Lorre를 비롯해 할리우드 스타 인명록을 만들어도 좋을 만큼 많다. 극작가 베르톨트 브레히트Bertolt Brecht와 연쇄살인마 찰스 맨슨Charles Manson도 한동안 이곳에 거주했다. 토팡가 코랄 Topanga Corral 나이트클럽은 1960년대에 지역 뮤지션들의 집결지였다. 그중 한 명이었던 닐 영Neil Young은 토팡가 협곡의 지하 방에서 '애프터 더 골드 러시After the Gold Rush'를 녹음하기도 했다. 록의 우상이자 도어즈Doors의 리더였던 짐 모리슨Jim Morrison은 토팡가 코랄에서 영감을 얻어 '로드하우스 블루스Roadhouse Blues'를 만들었고, 에타 제임스Etta James, 에밀루 해리스Emmylou Harris, 조니 미첼Joni Mitchell 같은 여가수들도 이곳에서 노래를 불렀다. 이 밖에도 다양한 분야의 예술가들이 토팡가에 모여들었다.

토팡가에 보헤미안 문화가 활짝 꽃핀 시기는 1960년대였지만 그 정신은 21세기에도 살아 숨쉬고 있다. 중심가에 위치한 부탄 숍Bhutan Shop에서는 아시아 물건을 구입할 수 있고, 요가 데사Yoga Desa에서는 명상 수업을 받을 수 있다. 고급 식당인 오브 더 세븐스 레이Inn of the Seventh Ray에서는 생수프와 캐슈넛 두부 샐러드 등 이 지역 재료로 만든 유기농 음식을 맛볼 수 있다. 매년 5월 열리는 지역축제 '토팡가 데이즈Topanga Days'는 음악 공연, 게임, 퍼레이드 등 볼거리로 가득하다. 토팡가는 전통이 강한 음악예술로 유명하지만 무엇보다도 '도시 정글'과 뚜렷한 대조를 이루는 고요함으로 마음을 사로잡는다.

▶▶▶

◀◀◀

7월의 화창한 일요일 아침, 나는 친구와 함께 프리우스Prius에 올라타 GPS에 토팡가를 입력했다. 퍼시픽 코스트 하이웨이Pacific Coast Highway를 달리던 차들이 느려지기 시작했다. 바닷가는 여느 때와 다름없이 붐비고 모래밭은 사람들로 빼곡했다. 하지만 토팡가 캐니언 대로에 접어드는 순간 전혀 다른 세상이 펼쳐졌다. 본능적으로 차창을 내리자 따뜻하고 건조한 협곡 바람이 머리칼을 어루만졌다.

구불구불 이어진 오르막길을 따라가는 동안 바닷가의 회백색 절벽과 누런 모래가 초록빛 유칼립투스와 참나무 그리고 플라타너스에게 자리를 내주었다. 모퉁이를 돌 때마다 푸른 수풀이 우거진 새로운 산허리가 모습을 드러냈다. 우리는 시내에 멈추지 않고 구불구불한 샛길을 따라 주립공원으로 향했다. 친절한 관리원은 우리에게 이글 록Eagle Rock 코스를 추천했다. 출발점에서 3km 남짓 떨어진 이글 록은 한나절 하이킹을 즐기면서 전망대에 올라 도시를 한눈에 담기에 좋은 곳이다. 이윽고 우리는 물병을 가득 채우고 선크림을 바른 뒤 아담한 참나무 숲 사이로 가파르게 난 길을 오르기 시작했다. 나뭇가지에 앉은 쿠퍼매 한 마리가 눈길을 사로잡았다. 우리는 숲을 지나 노두露頭로 이어지는, 적당히 힘든 길을 걸었다. 줄곧 다른 사람들과 마주쳤지만 우리가 선택한 곳이 거의 2,000만 명이 살고 있는 대도시 속 유명 휴양지임을 생각하면 이 하이킹 코스는 정말 한적한 셈이었다. 나는 북미 원주민 언어로 토팡가가 '저 높은 곳'을 뜻한다고 들었지만 이글 록에 도착한 뒤에야 비로소 그 의미를 이해할 수 있었다. 심하게 얽은 평평한 바위 하나가 길옆에 비스듬히 기울어진 채 솟아있었다. 우리는 바위 위로 기어올라 발아래 펼쳐진 경치를 굽어보았다. 오른쪽으로는 반짝이는 태평양과 맞닿은 산타 모니카 산맥이, 왼쪽으로는 산 가브리엘 산허리와 접한 산 페르난도 밸리가 뻗어있었다. 그리고 정면에는 천사의 도시 로스앤젤레스가 거대한 피크닉 담요를 펼쳐놓은 듯 자리 잡고 있었다. 31℃의 무더운 날씨에 햇볕이 머리 위로 쏟아졌다. 우리는 바위 그늘 속으로 들어가 잠시 열을 식힌 후 차를 세워둔 곳으로 돌아왔다.

시원한 음료 한잔이 간절했다. 산타모니카나 베니스라면 값비싼 아이스커피나 젤라토를 주문했겠지만 더할 수 없이 소박한 토팡가 크리크 제너럴 스토어Topanga Creek General Store에서 우리는 99센트밖에 안 되는 커다란 수박 한 조각을 발견했다. 우리는 턱 밑으로 뚝뚝 떨어지는 과즙 소리에 웃으며 길가 벤치에 나란히 앉아 수박을 먹었다. 알고 보니 모크샤 페스티벌the Moksha Festival 기간이었다. '영혼으로의 순례A Pilgrimage to your Soul'라는 주제로 사흘간 열리는 이 축제는 요가, 건강, 종교음악 등 다양한 분야를 아우르면서 아유르베다 요법을 소개하고 영양 워크숍과 호흡·명상 수업 등을 진행하고 있었다. 길 양 옆에 줄지어 매달린 현수막과 요가 매트 가방을 둘러맨 사람들의 행복한 얼굴이 보였다. 우리는 눈빛으로 차를 세우지 않기로 동의했다. 이글 록 하이킹과 시원한 수박 한 쪽만으로도 우리의 순례는 충분했기 때문이다. ■

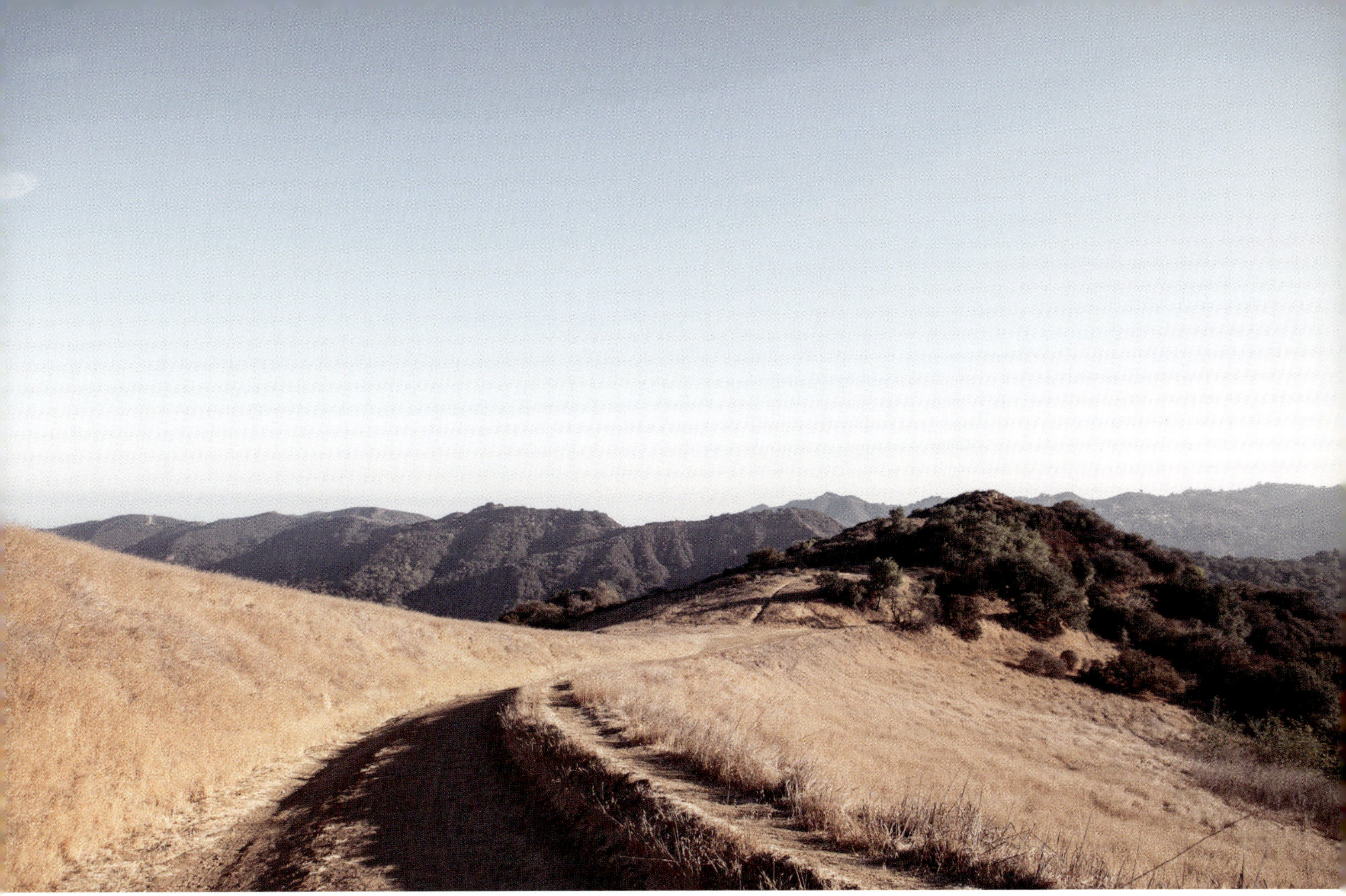
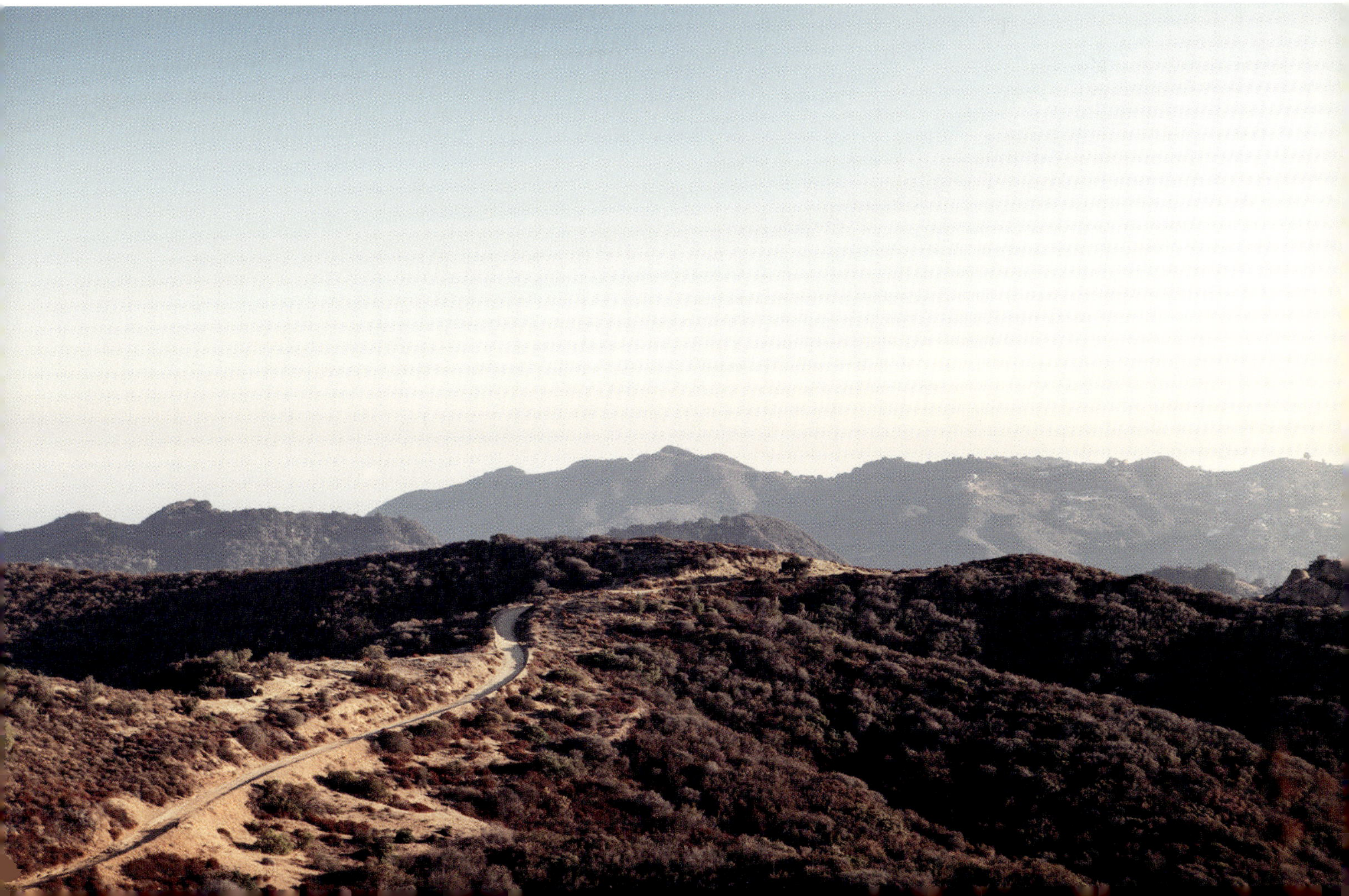

인터루드
Interlude

유니폼 웨어스

유니폼 웨어스
UNIFORM WARES

미니멀리즘 영국 시계의 대표 주자

글 로비 로렌스*Robbie Lawrence*　사진 마크 샌더스*Mark Sanders* & 리치 스테이플턴*Rich Stapleton*

시계 제작은 16세기 독일 뉘른베르크Nuremberg의 귀족들이 휴대용 태엽시계를 몸에 지니기 시작하면서 크게 발전했다. 그러나 해크니Hackney에 위치한 시계 생산업체 유니폼 웨어스의 공동대표 패트릭 베크Patrick Bek는 "시계산업은 여전히 크게 낙후되어있다."고 말한다. 베크와 올리버 파울즈Oliver Fowles가 4년 전 설립한 유니폼 웨어스에는 전통수공예 기법의 외관을 유지하면서도 현대적 디자인의 간결한 실용성이 담겨있다. 가구 디자이너였던 그들은 시계 제작을 시작한 뒤 작은 디테일 하나도 놓치지 않는다. 그리고 이러한 습관이 제품에 완벽한 아름다움을 부여한다. 유니폼 웨어스에 담긴 실용성은 절제미를 중시하는 영국인들의 가치관을 드러낸다. 스위스와 일본의 제작기술의 바탕이 되는 실용성이 합쳐져 독창적이고 혁신적인 제품이 탄생했다. 나는 패트릭과 마주앉아 대화를 나누었다.

시리얼 : 두 분이 유니폼 웨어스를 설립하기로 한 것은 언제인가요? 시작은 어땠나요?

패트릭 : 다른 기업에서 가구 디자이너로 일할 때였어요. 올리버와 저는 서로가 자신만의 브랜드를 만들고 싶어 하는 것을 알게 됐죠. 우리는 일상생활에서 늘 사용하는 작은 제품들을 만들고 싶었어요. 펜, 머그, 손목시계, 벨트, 지갑처럼 혼자만의 물건이면서 아주 작은 것들이요. 그리고 우리가 직접 제품 디자인과 재고 관리 그리고 상품 유통까지 할 수 있는 작은 제품을 원했죠. 올리버와 저는 우리 두 사람 모두가 관심을 갖는 물건을 찾기 시작했어요. 우리는 늘 손목시계에 큰 애정을 느껴왔는데 가만히 보니 우리 마음을, 우리 또래 사람들의 마음을 완전히 사로잡는 시계는 없더군요. 그 순간 우리는 '100 시리즈' 출시 계획을 세웠죠.

시리얼 : 가구 디자이너로 일한 경험이 미학적으로 어떤 도움이 되나요?

패트릭 : 가구와 시계의 제작 과정은 아주 비슷해요. 단지 손목시계는 그 크기가 아주 작을 뿐이죠. 올리버와 저는 기계가 어떻게 작동하는지 알아요. 중요한 건 기계에서 최상의 제품을 얻어내는 거죠. 어떤 제품들이 이미 출시되었는지를 파악하고 여기에 맞게 대응하는 것이 디자인의 핵심입니다. 우리는 반드시 필요하다고 확신하는 것을 만들고, 수요를 확신하는 것을 판매하고자 합니다. 제품을 생산할 때는 늘 이 점을 명심해야 하죠.

시리얼 : 유니폼 웨어스의 시계들은 믿기 힘들만큼 완벽한 스타일입니다. 동시에 향수마저

▶▶▶

> 독일산 스트랩이든 일본산 무브먼트든 상관없습니다. 중요한 건 각 시리즈에 가장 적합한 부품을 선택하는 거죠.

◀◀◀

느끼게 하고요. 제품 고안에서부터 생산에 이르기까지, 유니폼 웨어스 시계가 만들어지는 과정이 궁금하네요.

패트릭 : 소매업자들은 "뭐가 달라졌나요? 다음엔 어떤 시계가 나올 건가요?"라고 자주 묻습니다. 사실 이건 우리가 추구하는 바가 아니에요. 어떤 회사들은 모델 개발에 오랜 시간을 보내고 그렇게 해서 얻은 모델을 오래도록, 이를테면 한 20년은 고수합니다. 우리 생각도 이와 비슷해요. 우리는 모델 개발에 어느 정도 영속성을 담으려고 해요. 마음에 드는 케이스 디자인을 얻으면 이를 그대로 사용하는 거죠. 이는 스스로 제품 개발 철학에 대한 믿음과 신뢰가 있어야 가능한 일입니다. 제품 스케치 후에는 인체공학 테스트를 실시해요. 3D 소프트웨어로 실험용 다이얼을 만들고 문제점을 찾아 해결합니다. 우리 회사에서는 플라스틱 시계를 차고 돌아다니면서 기능성과 편안함을 테스트하는 직원들을 볼 수 있어요. 많은 시간이 걸리는 이 모든 과정이 끝나면 이제 우리는 마주앉아 새로운 고민을 시작합니다. '누가 이 제품을 사용할 것인가?' '그들은 어떤 관심사를 갖고 있는가?' '그들은 어떤 옷을 입으며 또 다른 무엇을 착용하는가?' 이 순간이 제품 생산 과정에서 가장 흥미롭습니다. 시계가 드디어 생명력을 갖게 되는 때이니까요. 이후 시제품을 만들고 마지막으로 약간의 수정을 가하면 완제품이 탄생하죠.

시리얼 : 어떤 부품들을 사용하죠? 부품 조달에 대해서 말씀해주겠어요?

패트릭 : 부품 원산지는 중요하지 않아요. 독일산 스트랩이든 일본산 무브먼트든 상관없습니다. 중요한 건 각 시리즈에 가장 적합한 부품을 선택하는 거죠.

▶▶▶

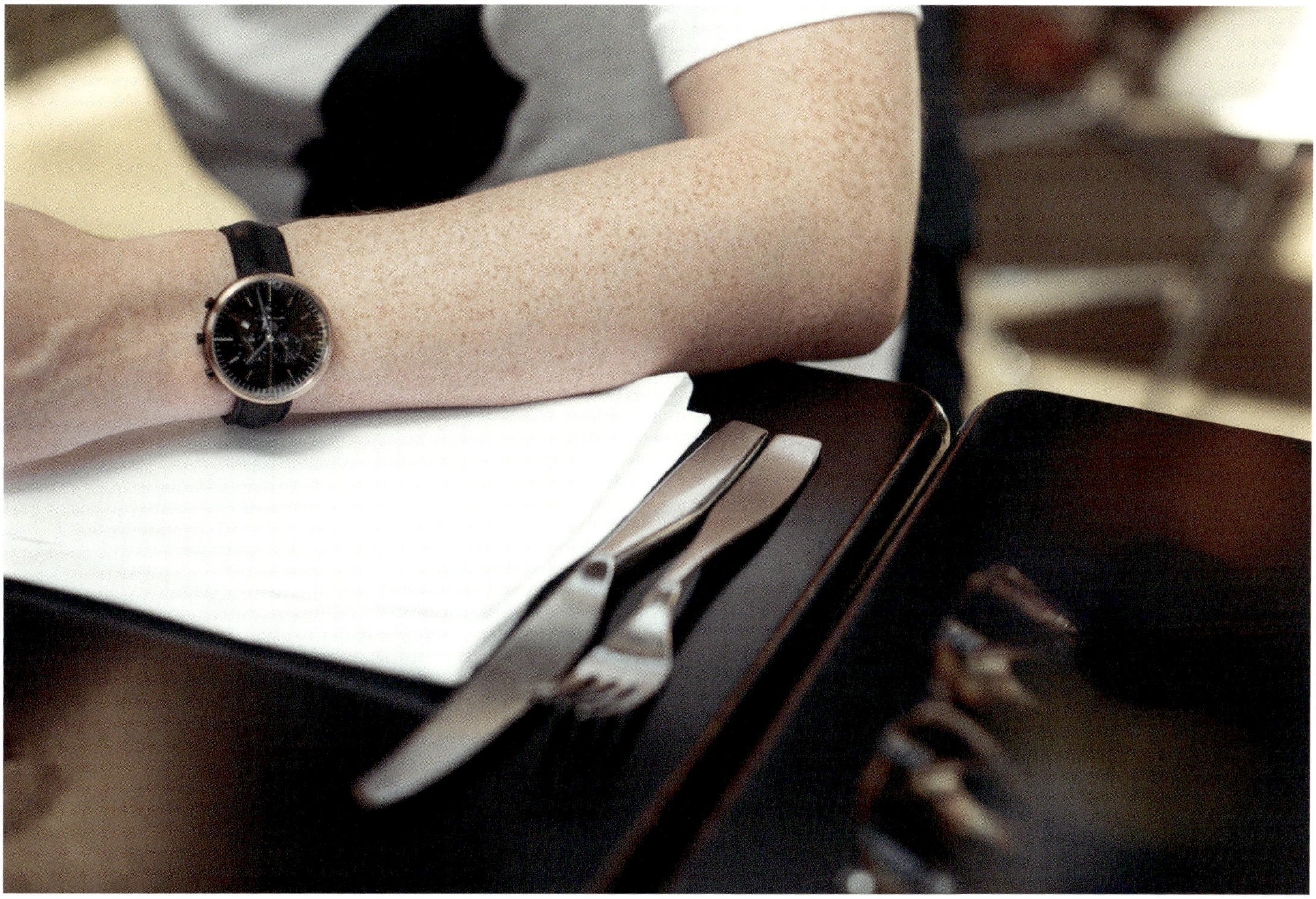

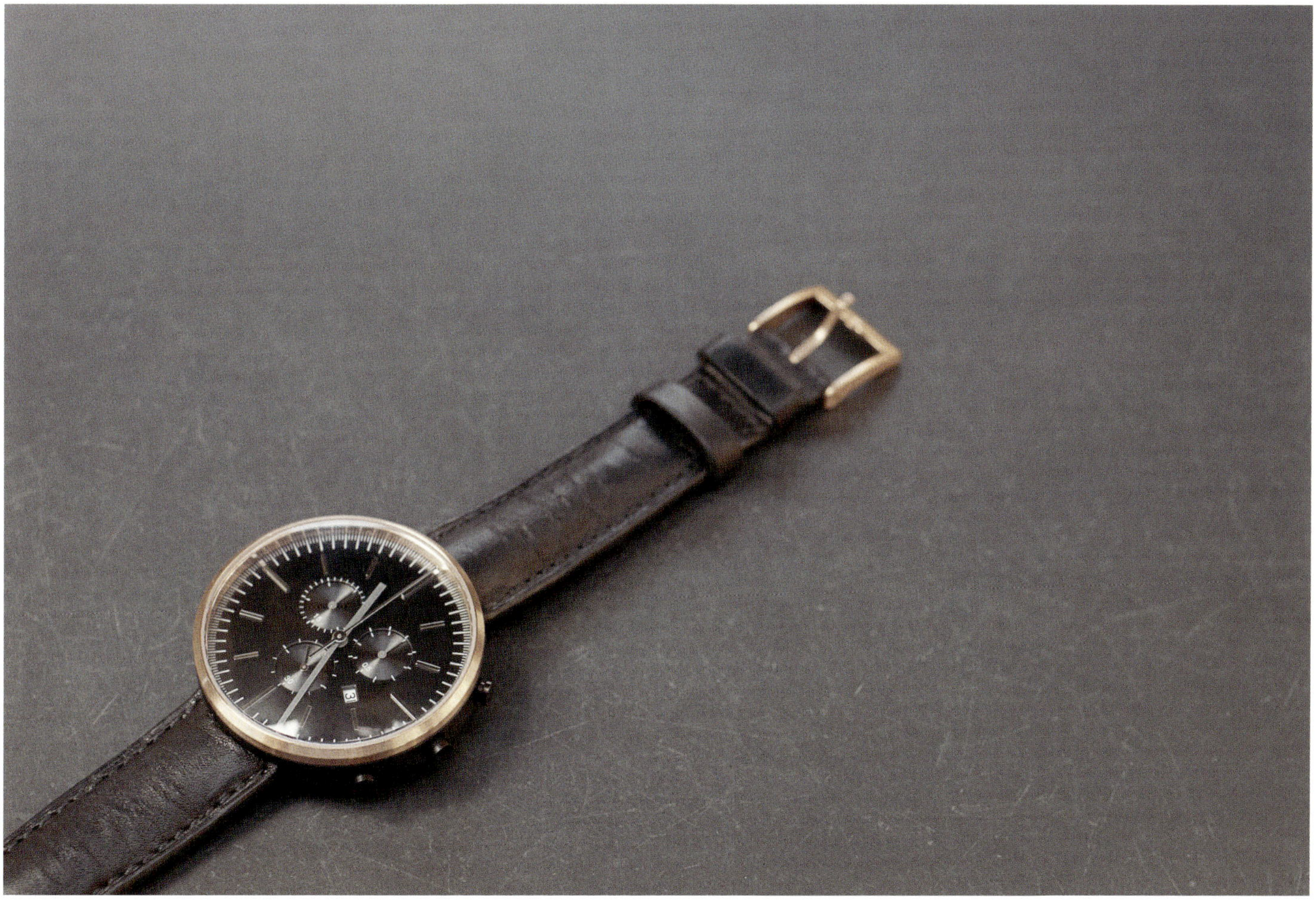

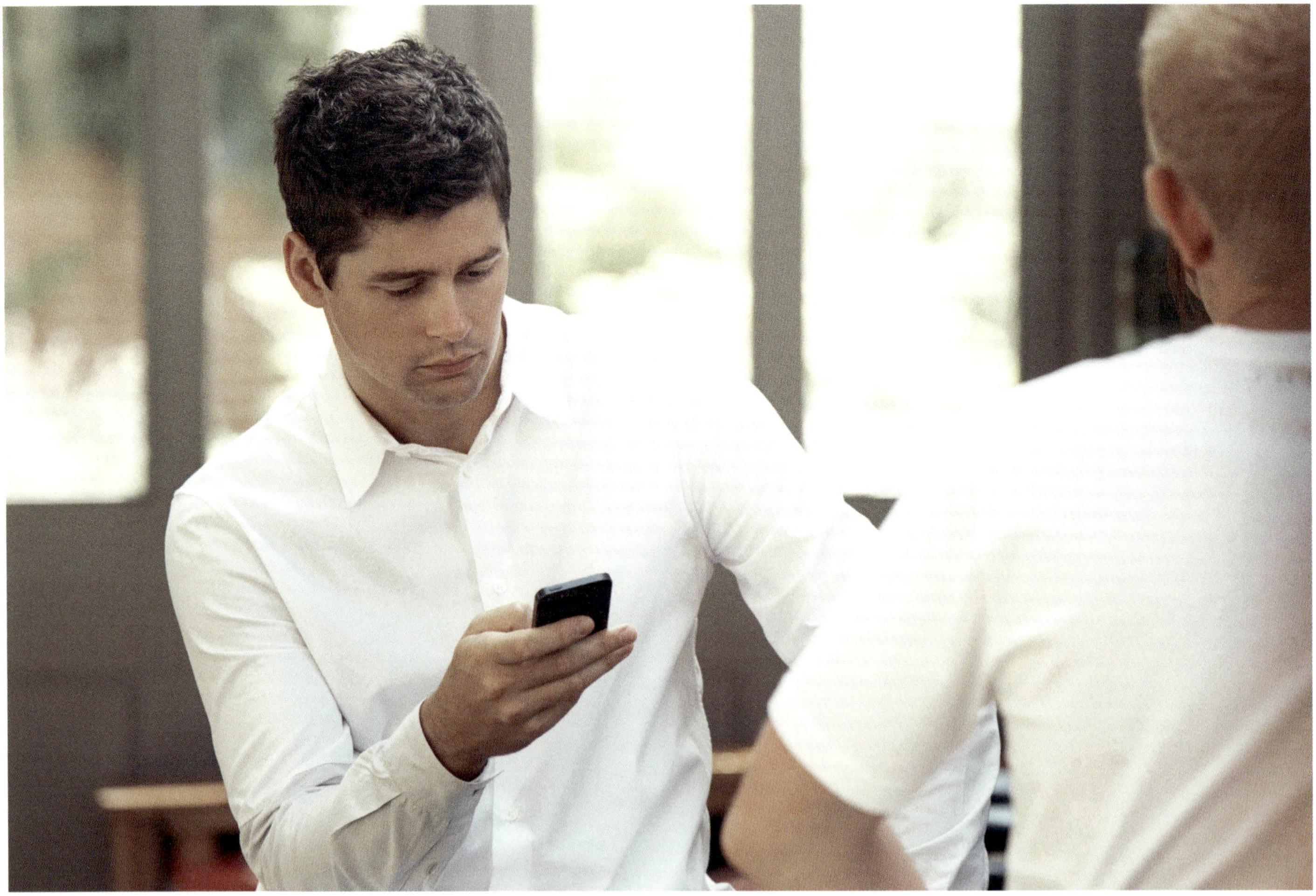
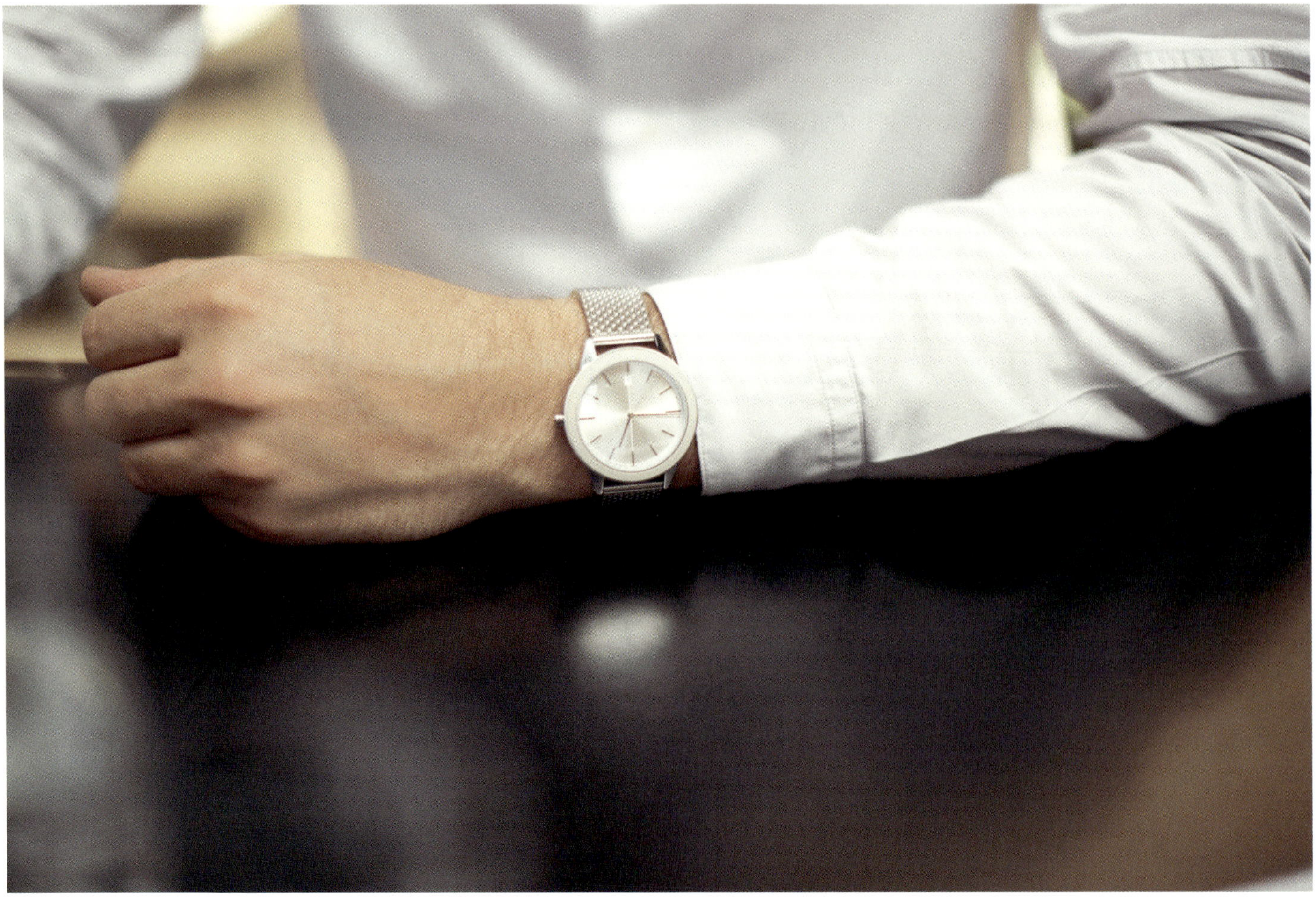

◀◀◀

시리얼 : 유니폼 웨어스의 기본 철학은 뭔가요?

패트릭 : 누가 봐도 영국 브랜드임이 드러나면 좋겠어요. 또한 비슷한 가격대의 시계에서는 찾아보기 힘든 디자인 그리고 정성과 노력이 담긴 제품을 생산하는 브랜드이고 싶습니다. 아울러 누구든 쉽게 접할 수 있는 브랜드였으면 해요. 우리는 제품 디자인부터 포장까지 전 과정을 직접 합니다. 소매업자나 고객과도 직접 거래하죠. 우리는 판매 대리점을 두지 않습니다.

시리얼 : 특별히 영감을 주는 사람이 있다면요? 어디에서 영감을 얻으시나요?

패트릭 : 올리버와 저는 패션뿐만 아니라 디자인, 특히 제품 디자인에 관심이 많아요. 그런데 두 분야를 아우르는 크로스오버를 찾아보기 힘든 경우가 많더군요. 디자인숍에서만 판매할 목적으로 제품을 설계하는 디자이너들을 흔히 보게 됩니다. 하지만 시장을 그렇게 제한할 필요가 있을까요? 아주 작지만 매력적인 옷가게에서 우리 제품을 팔지 못할 이유는 없죠. 우리는 바로 이런 생각으로 일합니다. 프로젝트 '12 : 24' 같은 전시회나 패션위크 쇼를 준비할 때도 마찬가지였어요. 올리버와 저는 창의적인 사람들과 함께 작업하는 것을 즐깁니다. 지금은 사진작가 짐 노턴Jim Norton과 작업 중이에요. 짐은 '12 디테일12 Details'이라는 주제로 사진 촬영을 하고 있어요. 짐의 작품은 유니폼 웨어스 홍보물에 사용될 겁니다. 우리가 계획하고 있는 전시회에도 당연히 걸릴 거고요. 12 디테일은 어떤 분야에 종사하든 우리와 마찬가지로 디테일을 소중히 여기는 사람들을 카메라에 담는 작업입니다. 또한 작품 속 인물들이 작지만 자신에게 꼭 필요한 물건들을 얼마나 자랑스럽게 여기는지, 그리고 그 자부심이 그들의 작업에서 어떻게 드러나는지를 보여줍니다.

시리얼 : 앞으로의 계획은요?

패트릭 : 12 디테일과 더불어 두 개의 제품 라인을 출시할 겁니다. 새로운 모습으로 재탄생한 100 시리즈와 신규 제품 라인 351 시리즈죠. 351 시리즈에는 새로운 부품을 많이 사용했습니다. 약간 변형된 미학을 적용하기도 했고요. 보다 실험적인 제품을 소개하기 위해서 'UW 에디션'이라는 새로운 프로젝트도 진행하고 있습니다. UW 에디션 제품은 직접 또는 엄선된 소매업체를 통해서 판매할 계획입니다. ■

UNIFORMWARES.COM

| 3 | 크라쿠프 *Kraków* | 폴란드 POLAND |

지역 크라쿠프

✈ **KRK**
요한바오로2세 크라쿠프발리체 국제공항

언어 독일어 | 즈워티 | zł | 인구 75만 9천

여행자 정보 *krakow.pl*

📞 +48 (국제) 12 (지역)

> # 모카크
> ## MOCAK
>
> ---
>
> 크라쿠프 현대미술관
>
> 글 로비 로렌스*Robbie Lawrence*   사진 리치 스테이플턴*Rich Stapleton*

'모카크MOCAK'라고도 불리는 크라쿠프 현대미술관Museum of Contemporary Art in Kraków은 도시의 남부를 구불구불 가로지르는 잿빛 비스툴라Vistula 강에서 멀지 않은 곳에 자리 잡고 있다. 크라쿠프는 2000년 유럽 문화수도European Capital of Culture로 선정되었다. 하지만 급성장하는 폴란드 현대미술계를 위한 공간은 10년이 지난 후에야 비로소 마련되었다. 크라쿠프 시는 수년간의 논의 끝에 공장 건물들과 다 허물어져 가는 공동주택들로 빼곡한 산업지구에 위치한 옛 쉰들러Schindler 공장 부지에 미술관을 세우기로 했다(이 결정은 많은 논란을 불러일으켰다). 2000년까지 폴란드 관광산업 동향을 분석한 자료를 살펴보면 크라쿠프의 독특한 역사를 보기 위해 아주 먼 곳에서 온 관광객들도 폴란드를 찾고 있다는 사실을 알 수 있다. 크라쿠프에는 지난날 통치자들의 거처였던 웅장한 바벨성Wawel Castle을 필두로 하는 중세 문화유산과 20세기 중반 유대인들이 경험해야 했던 공포의 흔적이 동시에 공존한다. 크라쿠프는 이곳을 찾는 사람들 그리고 관광 수혜를 입고 있는 지역산업 모두가 끊임없이 과거로 눈을 돌리는 탓에 최근까지 '문화 마비' 상태에 빠져있다.

건축 담당자들은 크라쿠프가 모카크를 통해 역사라는 족쇄에서 벗어날 수 있는 기회를 얻을 수 있을 것이라고 생각했다. 마리나 디 카라라Marina di Carrara의 항만공사 건물과 암만Amman의 버트렉스 타워Vertrex Tower로 유명한 이탈리아 건축가 클라우디오 나르디Claudio Nardi는 모카크를 설계하면서 과거를 부정하는 것이 아닌, 혁신과 역사를 잇는 연결고리를 만들고자 했다. 2011년 5월 19일에 열린 개관식에서 건축가 나르디는 쉰들러 공장 작업장과 새롭게 건설한 구역을 하나로 연결해 모카크를 설계하면서 역사를 담고 있을 뿐만 아니라 미래로 통하는 길을 보여주는 하나의 완전체를 만들고자 했다고 참석자들에게 설명했다. 크라쿠프의 근현대사를 외면하는 것은 당연히 근시안적인 행동이었을 것이다. 2차 세계대전 발발 이전에 7만 명에 달하던 크라쿠프 인구는 나치가 자행한 유대인 격리수용과 노동착취 그리고 학살로 인해 1945년 4,000명으로 줄어들었다. 아무리 오랜 세월이 흘러도 크라쿠프 시민들은 이 뼈아픈 역사를 결코 잊지 못할 것이다. 로스코Rothko의 황량한 말기 작품을 떠오르게 하는 검은색 금속판 벽이나 벽돌을 그대로 드러낸 옛 쉰들러 공장의 벽처럼 침울한 분위기를 풍기는 요소들은 이 어두운 시기로 우리를 안내한다. 그러나 관람객들은 모카크 건축 프로젝트를 이끈 시각요소이기도 한 기존 건축물과 새로 들어선 구조

▶▶▶

Kolekcja MOCAK-u
The MOCAK Collection

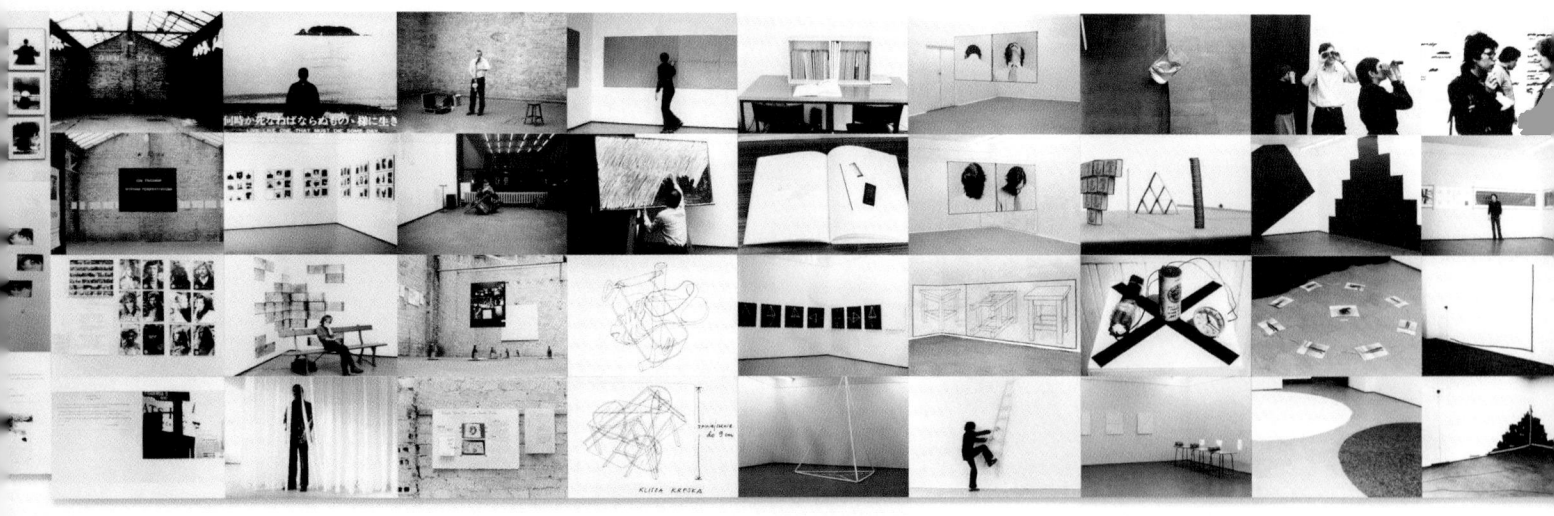

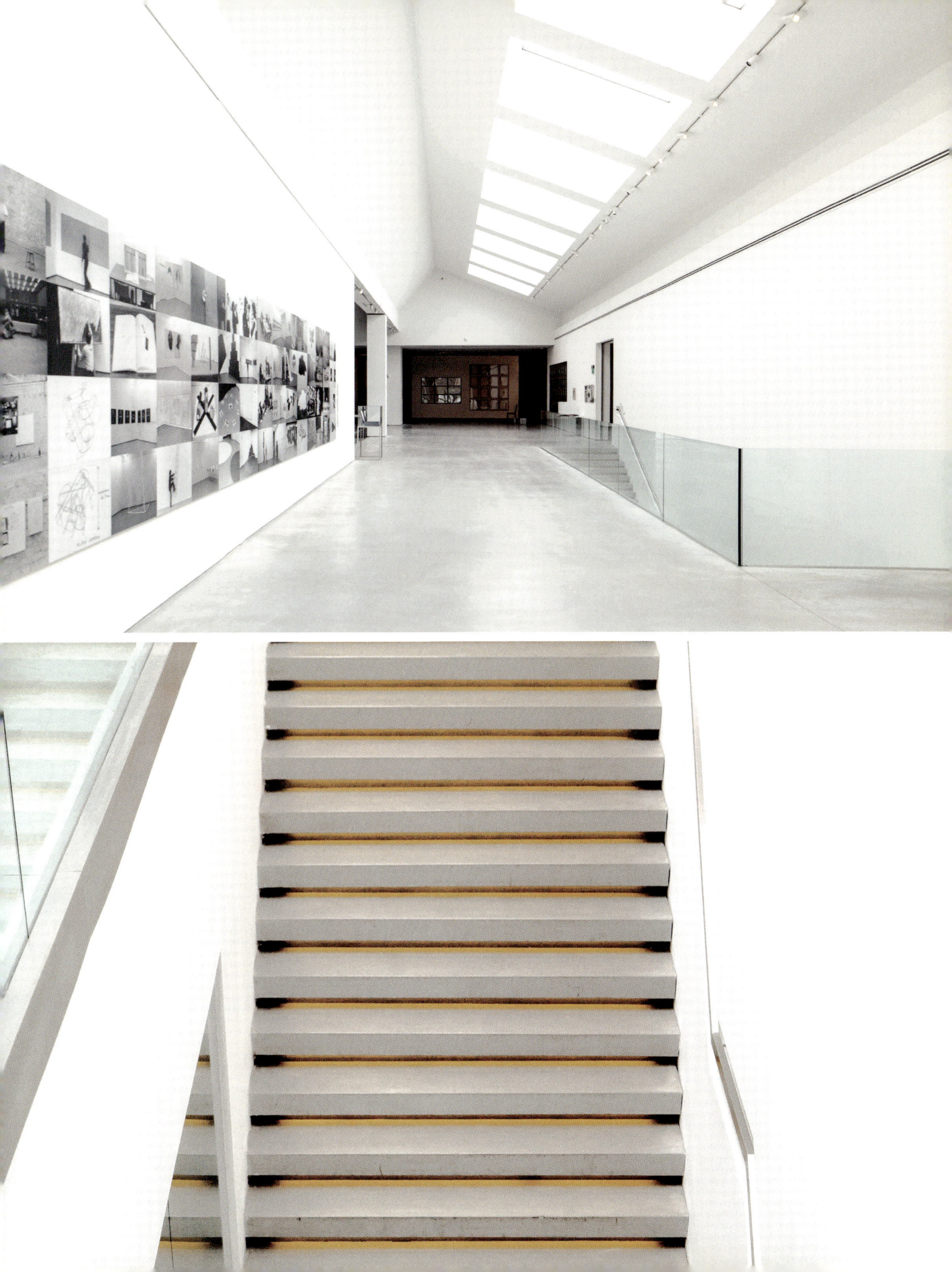

> 로스코의 황량한 말기 작품을 떠오르게 하는 검은색 금속판 벽은 이 어두운 시기로 우리를 안내한다.

◂◂◂

물을 잇는 천장으로 눈을 돌리는 순간 과거에서 현재로 이어지는 활기찬 연속성을 확인하면서 다시 현재로 돌아오게 된다.

모카크의 소장품은 처음 문을 열었을 때 수백 점밖에 안 되었지만 이제 그 수는 (작가 138명의 손에서 탄생한) 2,000점에 이르고 있다. 이것은 비평가이자 미술이론가인 관장 마리아 안나 포토츠카Maria Anna Potocka가 소장품을 늘리고자 노력한 결과이기도 하지만 관람객들과 기증자들의 뜨거운 관심 덕분이기도 하다. 전시는 기획전과 상설전의 두 부분으로 이루어진다. 2010년에는 〈예술 속의 스포츠Sports in Art〉, 2011년에는 〈예술 속의 역사History in Art〉 2012년에는 〈예술 속의 경제Economics in Art〉를 주제로 기획전이 열렸다. 상설전은 드루슈치Dróżdż의 〈모양시concrete poetry installation〉처럼 새로이 주목받는 작품을 비롯해 크르지스토프 펜데레츠키Krzystof Penderecki의 악보, 딕 히긴스Dick Higgins의 관현악곡 악보, 포레브스키Porębski의 기하학적 스케치 등 여러 학문 분야를 아우르는 다양한 추상작품을 선보인다. 모카크는 1970년대 이후의 작품만을 전시하면서 오늘날의 혁신을 강조하고 과거보다는 현대 사회를 주제로 한 대화를 이끌어내고자 노력한다.

많은 사람들이 쉰들러 공장 부지와 같이 비극으로 얼룩진 장소에 미술관 세우는 것을 반대했다. 이는 유대인 사회뿐만 아니라 도시 전체를 생각해서였다. 나치의 정책과 전쟁으로 180만~190만 명에 달하는 사람들이 목숨을 잃었기 때문이다. 모카크를 떠나 구시가를 향해 걷다 보면 유대인 거주지였던 곳을 지나게 된다. 이처럼 암울한 역사를 지닌 장소에 조용히 몇 시간 거닐면서 작품을 감상할 수 있는 미술관이 들어섰다는 사실만으로 크라쿠프가 짧은 기간 동안 얼마나 큰 변화를 이루어냈는지 알 수 있다. 또한 모카크에서는 크라쿠프에 창의력 넘치는 뛰어난 예술가들이 얼마나 많은지 알게 된다. ∎

Mocak, 4 Lipowa St, 30-702 Kraków, Poland
EN.MOCAK.PL

대광장
GRAND SQUARE

유럽 최대의 중세 광장

글·사진 로비 로렌스Robbie Lawrence

동이 트자마자 자리에서 일어났다. 관광객들과 직장인들로 붐비기 전 크라쿠프의 드넓은 리네크 그워니Rynek Główny(대광장)를 보고 싶어서였다. 블랙커피를 손에 들고 스타레 미아스토 호텔Hotel Stare Miasto에서 광장 남쪽으로 이어지는 자갈길을 걸었다. 광장 입구에 이르자 환한 조명이 비추는 콜로네이드colonnade(일렬로 서있는 돌기둥 - 옮긴이)와 창턱의 정교한 장식이 눈에 들어왔다. 호화로운 구시가 한복판에 위치한 대광장에 들어서면 반구형 지붕과 고전 양식 아치가 보인다. 면적이 200m²에 달하는 대광장은 유럽에서 가장 넓은 중세 광장으로, 볼레스와프 5세Duke Bolesław V가 1257년 처음으로 광장 조성 계획을 수립한 이래 상업과 문화의 중심지이자 건축술의 집결지였다. 광장 건축물은 아주 나이 많은 나무의 나이테 같다. 현대 조각상, 바로크 양식의 첨탑, 르네상스 양식의 건축물 그리고 중세에 만들어진 출입구가 대광장이 겪어온 지난 시대들을 이야기하고 있다. 아침 햇살 아래 희미하게 빛나는 광장의 모습을 보고 있자면 이곳이 몽골 족, 타타르 족, 나치의 침략을 받았으며 1939년 폴란드가 독일에게 점령당한 뒤에는 '아돌프 히틀러 광장Adolf Hitler Platz'으로 불리기까지 했던 곳임을 잊게 된다.

대광장에서 가장 눈에 띄는 건물은 14세기에 건설된 직물회관 수키엔니체Sukiennice다. 파두아Padua 출신인 조반니 일 모스카Giovanni il Mosca는 화재를 입은 이 건물을 고전양식으로 재건했다. 수키엔니체 옆에는 아담

▶▶▶

> 아침 햇살 아래 희미하게 빛나는 광장의 모습을 보고 있자면 이곳이 몽골 족, 타타르 족, 나치의 침략을 받았으며 '아돌프 히틀러 광장'으로 불리기까지 했던 곳임을 잊게 된다.

◀◀◀

한 성 아달베르트 교회church of St. Adalbert가 서있다. 중세 폴란드 로마네스크 양식의 이 교회는 크라쿠프에서 가장 오래된 건축물 중 하나다. 조금 눈을 돌리면 근엄한 모습으로 우뚝 선 고딕 양식의 성 마리아 성당basilica of the Virgin Mary이 눈에 들어온다. 시청 탑의 시계가 7시를 가리키는 순간, 성 마리아 성당의 더 높은 쪽 첨탑에서 트럼펫 소리가 울려 퍼진다. 매시간 이루어지는 이 의식은 13세기 트럼펫으로 적의 침략을 알리다 타타르 군인의 화살에 목숨을 잃은 나팔수를 기리기 위한 것이라고 한다. 대광장 주변 마흔일곱 개의 건축물을 둘러보며 서너 시간이 흘러갔다. 광장에 모여든 사람들 대부분은 인솔자를 따라다니는 외국인이었지만 수녀와 사제 또한 눈에 띄게 많았다. 새삼 폴란드가 로마 가톨릭교가 깊이 뿌리내린 국가라는 사실이 떠올랐다(폴란드 국민의 90% 이상은 독실한 로마 가톨릭교도다). 그렇다고 해도 이곳의 교회들이 모두 신도들로 가득 찬 모습은 신기하기만 했다.

관광을 마친 뒤 직물회관이 내다보이는 아담한 카페에 앉았다. 오늘 아침의 세 번째 커피 잔을 들고 따사로운 햇살을 즐기며 상상했다. 화려하고 성대한 대관식, 황실의 결혼식과 장례식, 처참한 전투 그리고 웅장한 건축물의 축조 장면을 차례로 머릿속에 떠올렸다. 그리고 이 모든 것 못지않게 깊은 울림을 주는, 대광장과 함께 오랜 역사 속에서 긴 고통을 겪어온 크라쿠프 시민들의 삶을 생각해보았다. ■

피에로기
PIEROGI

초승달 모양의 폴란드 전통음식

글 로비 로렌스 *Robbie Lawrence* 사진 리치 스테이플턴 *Rich Stapleton*

베이컨 기름과 문화정체성이 철철 넘쳐흐르는 피에로기는 소박하면서도 높은 평가를 받는 폴란드 전통음식이다. 피에로기는 러시아의 펄펄 끓는 냄비 요리에서 비롯되었다는 주장이 있는가 하면 500년 전 스포르차Sforza 가문 출신의 보나 여왕Queen Bona이 이탈리아 밀라노에서 가져온 요리라는 설도 있다. 어쨌든 초승달처럼 생긴 이 작은 만두의 기원은 확실하지 않다. 그러나 피에로기가 아시아를 떠나 배를 타고 유럽에 도착했을 가능성은 높다. 역사가 마크 모턴Mark Morton은 피에로기의 어원을 몽골 족이 침략한 터키에서 찾았다. 이곳에는 '뵈렉börek'이라 불리는, 피에로기와 비슷한 페이스트리가 있다. 가장 먼저 만들어진 곳이 어디가 되었든(나는 개인적으로 몽골 군인들이 헝가리의 산 위에서 맛있게 만두 먹는 모습이 마음에 든다) 피에로기는 시골 마을과 도시를 가리지 않는, 폴란드의 대표 음식이다. 피에로기는 삶기, 튀기기, 굽기 등 다양한 조리 과정을 거쳐 김이 모락모락 나는 뜨거운 상태로 식탁에 오른다. 피에로기 속에는 폴란드인들이 즐겨 먹는 식재료인 사우어크라우트sauerkraut(시큼한 양배추 절임 – 옮긴이), 곱게 다진 버섯, 감자, 시금치, 코티지치즈, 고기(흔히 갈아서 소금 간을 한 돼지고기) 등을 넣는다. 설탕 간을 한 빨간 양파와 사워크림sour cream을 얹어 먹는 피에로기는 수백 년 동안 소작농과 귀족 모두의 사랑을 받았다.

피에로기는 스코틀랜드의 해기스haggis처럼 애국심을 불러일으키는 음식이다. 스코틀랜드인들은 양의 내장과 다진 양파, 오트밀, 양 기름, 향신료 등을 양의 위에 넣어 만든 음식을 스코틀랜드 시인 로버트 번스Robert Burns를 추모하며 일 년에 한 번 먹거나 혹은 기름에 튀긴 피자에 얹어 가끔 먹는다. 하지만 폴란드인들은 피에로기를 일상적으로 먹는다. 크라쿠프에 위치한 식당 포드 아니오우아미Pod Aniołami의 여종업원은 이곳 사람들이 예나 지금이나 단골식당에 모여 시원한 라거 맥주를 마시며 피에로기를 양껏 먹는다고 말한다. 나는 피에로기 첫 시식을 위해 밖으로 나섰다. 동튼 뒤 가장 완벽한 순간에 대광장의 모습을 카메라에 담으려고 아침 일찍부터 크라쿠프를 헤매고 다닌 탓에 배가 꼬르륵댔다. 올여름 서유럽을 강타한 무더위는 폴란드를 비껴가지 않았고, 어리석게도 청바지를 입은 탓에 힘겹게 걸어야 했다. 숨이 막힐 듯 답답한 공기는 7월 중순의 맨해튼 같았고, 귀족의 샤슬릭Nobleman's Shashlik(훈제 자두와 보드카를 넣은 진한 보르쉬borsht를 곁들여 내는 돼지허리살 요리) 같은 폴란드 전통요리를 맛볼 수 있는 포드 아니오우아미는 구시가를 가로지르는 구불구불한 길에 자리 잡고 있었다. 나는 사우나 같은 지하 대신 테이블과 의자가 가지런히 놓인 아담한 안뜰로 안내되었다. 여종업원은 내가 몹시 허기진 것을 알아챘는지 녹은 버터를 얹은, 여러 종류의 피에로기를 수북이 담은 접시를 가져왔다. 토르텔리니tortellini(만두형 파스타 – 옮긴이), 일본의 교자, 영국의 소시지 롤을 섞어 놓은 듯한 피에로기는 정말로 아주 맛있었다.

허겁지겁 식사하는 동안 내가 앉은 테이블 바로 위에 달린 지직거리는 스피커에서 에바 캐시디Eva Cassidy가 우수 어린 목소리로 부르는 〈황금빛 들판Fields of Gold〉이 흘러나왔다. 한 무리의 영국 여자들은 음식값을 정확히 치르려고 잔뜩 신경을 곤두세운 채 즈워티 화폐를 세고 있었다. 나는 이 모든 소음에 아랑곳하지 않고, 거품이 뜬 지비엑Żywiec 맥주를 마시며 남은 피에로기를 먹어치웠다. 그러고 나서 호텔로 돌아와 밀가루 음식의 포만감을 느끼며 잠시 눈을 붙였다.

인류학자 마크 노와크Mark Nowak는 피에로기를 배우 피터 로어Peter Lorre에 비유했다.

피에로기와 피터 로어 모두 작고 통통하고 평범하며, 가장 힘겨운 상황에서 전성기를 누린다. 또한 화려한 할리우드, 퇴폐적인 베를린, 흥건한 사워크림 속 그 어디에서도 투박하고 이국적이며 회복력 강한 성격이다.

피터 로어가 이 표현을 좋아했을지는 알 수 없는 일이지만 노와크가 묘사한 피에로기의 특징에는 고개가 끄덕여진다. 다부지고 넉넉하며 아련한 향수를 불러일으키는, 그 어떤 음식보다 위로가 되는 피에로기는 고향이든 이국땅이든 관계없이 폴란드인들의 삶에 없어서는 안 되는 음식이다. 음식은 이민자들의 의식 속에서 중요한 역할을 한다. 세계 곳곳에서 피에로기를 자랑스럽게 요리하고 먹는 것은 폴란드인들이 자신들의 문화를 뿌리내리고 꽃피우는 나름의 방식이다. ■

woda | 물

폴란드어
POLISH

낯선 외양에 숨겨진 친숙함

글 리처드 아슬란Richard Aslan 사진 리치 스테이플턴Rich Stapleton & 로비 로렌스Robbie Lawrence

폴란드어는 산들바람 소리 같으면서도 낯설고 어렵기로 유명하다. 작대기를 그은 ł, 점을 찍은 ż, 갈고리를 단 ę와 ą, 악센트 표시를 한 ź와 ń과 ć. 폴란드어를 보면 지레 겁을 먹게 된다. 또한 우리에게 익숙한 알파벳이 'rz'나 'cz'처럼 불가능해 보이는 조합을 이루고 있는 것을 볼 때도 마찬가지다. 폴란드인들은 자국어를 '폴슈치즈나polszczyzna'라고 부르는데 폴란드어의 복잡한 문법이 우리를 두려움에 떨게 한다. 남성을 헤아릴 때 쓰는 숫자가 따로 있고, 네 가지 격 변화와 여섯 가지 격이 존재한다. 주격, 대격, 소유격, 여격, 조격, 처소격, 호격, 순간형, 완료형, 유생명사, 무생명사…. 폴란드어는 주브루프카Żubrówka를 지나치게 마신 채 비아오우엥카Białołęka 학회에 참석한 언어학자들의 대화처럼 어려워 보인다. 폴란드어 배우기란 시작부터 만만찮다. '원하다'라는 뜻의 동사를 흐쳉chcę, 흐체시chcesz, 흐체chce로 변화시키는 것만으로도 "흐쳉 우치에츠Chcę uciec(도망치고 싶어)!"라고 불평하게 된다. 극작가 제롬스키Żeromski는 폴란드어를 '나구이, 다레키, 이아도비티 그워스 드르그농우 브 라사흐Nagły, daleki, jadowity głos drgnął w lasach(숲에서 갑작스레 어렴풋이 들려오는 사악한 소리)'라고 묘사했다.

그러나 미리 몸을 떨지는 말자. 가만히 들여다보면 폴란드어가 그리 두렵기만 한 언어는 아니기 때문이다. 최초의 폴란드어 문장이 소개된 13세기 라틴어 책에는 친절한 마음과 동정심이 어려있다.

▶▶▶

◂◂◂

"다이 우트 이아 포브루사, 아 티 포시바이Day ut ia pobrusa, a ti posiwai(내가 잠시 맷돌을 돌릴 테니 당신은 쉬어요)." 방앗간 주인 보그발루스Bogwalus가 지친 아내에게 다정한 목소리로 한 말이다. 폴란드어는 이로부터 3세기가 지난 1580년에 이르러서야 전성기를 맞았는데 그 다정한 마음은 역시나 변함이 없다.

Wszytki troski na wiecie, wszytki wzdychania
I ale, i frasunki, i r k łamania
Wszytki a wszytki za raz w dom si mój no cie …

온 세상의 슬픔과 서러움 그리고 걱정
온갖 비탄과 움켜쥔 두 손
모두, 누구라도, 어서 내 집에 들어오라

얀 코하노프스키Jan Kochanowski는 19편의 《트레니Treny(만가挽歌 또는 비가悲歌)》를 통해 두 살 반의 어린 나이로 갑작스레 세상을 떠난 딸 우르슐카Urszulka의 죽음을 애도했다. 이 시는 오늘날 폴란드 문학의 고전이지만 발표 당시 위대한 군인들의 용감하고 호전적 행동을 기리는 풍조에 반한다는 이유로 논란이 되었다. 그 후 폴란드의 시는 수백 년에 걸쳐 발전을 거듭했고 마침내 미츠키에비치Mickiewicz, 스워바츠키Słowacki, 크라신스키Krasiński, 미워시Miłosz, 심보르스카Szymborska, 자가예프스키Zagajewski, 트카치신-디츠키Tkaczyszyn-Dycki 같은 훌륭한 시인들이 노벨 문학상을 수상했다.

언어 간의 친족관계를 이해하고 나면 폴란드어가 그렇게 두렵거나 낯설게 느껴지지만은 않을 것이다. 폴란드어와 영어는 인도유럽어족에 속하는 사촌지간이다. 인도유럽어족에는 그리스어, 프랑스어, 페르시아어, 벵골어도 포함된다. 폴란드는 내가 지금 이 글을 쓰고 있는 영국 서부에서 기껏해야 1,600km 남짓 떨어져있다. 영어는 네덜란드어, 독일어, 스칸디나비아어와 더불어 게르만어파의 딸이다. 게르만어파의 딸들은 개인주의가 강하다. 반면에 자매지간인 폴란드어와 슬라브어는 서로 조화를 이룬다. 심지어 로맨스어파의 딸들인 이탈리아어, 포르투갈어, 스페인어보다 관계가 더 두텁다. 폴란드어는 통역이 필요 없을 만큼 체코어, 슬로바키아어, 우크라이나 서부 방언, 벨라루스어와 긴밀하게 연결돼있다. 사이가 조금 먼 자매로는 러시아어, 세르비아어, 불가리아어를 꼽을 수 있다. 폴란드어는 동방교회Eastern Church가 사용하는 키릴 문자는 멀리하면서도 로마자에는 보다 관대하다. 예컨대 새를 뜻하는 단어가 러시아어로는 발음을 전혀 종잡을 수 없는 'птица'이지만 폴란드어로는 '프타크ptak'다. 폴란드어와 영어의 긴밀한 관계는 거의 똑같은 수많은 단어에서도 드러난다. Film, teatr, komputer, autobus, satelita, student, telefon, tekst, fakt, bank, lampa, mapa, grupa, minuta, gazeta, dokument 등 숱한 단어들은 함께한 역사와 문화의 결과물이다. 한편 낯익은 또 다른 단어들은 훨씬 더 오랜 옛날에 생겨났다. 'nos'와 'nose'는 거의 같고, 'woda'와 'water'는 부정할 수 없는 유사성을 지녔다. 'domestication(가축화)'의 어근 'dom'은 폴란드어로 '집'이라는 뜻이다. '하나', '둘', '셋', '어머니', '오빠'처럼 기본적인 단어들이 영어로는 'one', 'two', 'three', 'mother', 'brother'이고 폴란드어로는 'jeden', 'dwa', 'trzy', 'matka', 'brat'임을 생각하면 두 언어가 사촌지간임이 더욱 뚜렷해진다. ∎

ptak | 새

| 4 | 숲 Forest |

뉴포레스트
NEW FOREST

완벽한 놀이터

글 리치드 아슬란*Richard Aslan*　사진 조너선 그렉슨*Jonathan Gregson*

국가 영국	✈ SOU 사우샘프턴 공항	✈ LHR 런던 히스로 공항
언어 영어	파운드 | £	브로켄허스트
여행자 정보 *thenewforest.co.uk*	📞 +44 (국제)	

너도밤나무, 자작나무, 산사나무, 딱총나무, 오리나무, 참나무, 밤나무. 그곳에는 호랑가시나무도 있었지만 너무 도톰한 잎은 일기장 갈피에 꽂아 말릴 수 없기에 줍지 않았다. 대신 1,000년 된 주목朱木에서 뽑은 잔가지 하나와 나뭇가지 아래쪽에서 얻은 이끼를 조금 가져왔다. 손에 올려놓고 뒤집으니 옅은 '초록빛 광합성 냄새'가 훅 풍긴다. 기차 창밖을 내다본다. 뉴포레스트에서 보낸 지난 이틀간의 기억이 비현실적일 만큼 눈부시면서도 우수에 찬 스냅사진이 되어 머릿속을 스쳐 지나간다. 기차에 올라타기 전 우리는 마지막으로 짧은 산책을 했다. 야영객들과 조랑말 무리가 흩어져있는 캠핑장은 시원한 참나무 숲으로 이어졌다. 뒤엉킨 나뭇가지들은 터널을 이룬 채, 작은 물고기 떼가 수면 아래 돌연 방향을 바꿀 때처럼, 불어오는 바람과 함께 잔물결을 일으켰다. 나는 빛이 내 망막에 와 닿기까지 걸린 시간, 이제는 벌써 과거의 시간이 되어가고 있는 순간들을 생각하며 쓸쓸해졌다.

뉴포레스트에서 '뉴new'라는 수식어는 일종의 강한 역설이다. 뉴포레스트는 노르만 족 침략자, 정복왕 윌리엄이 1079년 '노바 포레스타Nova Foresta'라고 부르며 새로이 마련한 사냥터다. 하지만 유서 깊은 가문의 영국 귀족들이 자신의 뿌리를 1066년의 노르만 정복 이전에서 찾으려 하고, 과거 많은 황실 공원들이 색슨 시대 초기에 조성되었음을 생각하면 뉴포레스트의 '뉴'라는 수식어는 적절한 편이다. 윌리엄 왕은 왕실임야법원판사verderer, 가축사육사agister, 임야사용자commoner로 구성된 숲 관리 체계를 만들었고 이는 오늘날까지 이어지고 있다. 숲, 히스(진달랫과의 소관목 - 옮긴이)가 무성한 들판, 목초지, 습지. 뉴포레스트는 옛 모습을 그대로 간직하고 있다. 이곳이 유럽에서 인구가 가장 많고 도시화된 곳 가운데 하나임을 생각하면 놀라운 사실이다. 뉴포레스트는 사냥터였지만 그렇다고 천둥이 몰아치는 날 험준한 바위에 올라 힘찬 수사슴을 죽이는 것으로 남자다움을 증명하던 곳은 아니었다. 온화한 날씨의 뉴포레스트는 밝고 아름다운 얼굴로 모든 이들을 반긴다. 이곳에서는 왕과 귀족들이 궁정 음악가들을 거느리고 막사의 푹신한 의자에서 감칠맛 나는 포도주와 음탕한 대화를 나누며 왁자지껄한 한때를 보내는 모습을 상상하게 된다. 그러나 옛 노르만 왕들에게 뉴포레스트가 그렇게 행복하기만 한 장소는 아니었다. 윌리엄 왕의 두 아들은 바로 이곳에서 목숨을 잃었다. 리처드 왕자Prince Richard of Normandy는 1070년대 초 사냥 도중 사고로 사망했고, 악명 높던 윌리엄 2세 William II는 그로부터 30년 뒤 화살을 맞고 죽었다. 이 사고가 우연인지 암살이었는지는 여전히 의문으로 남아있다.

뉴포레스트는 무엇보다도 조랑말로 유명하다. 이곳에서 조랑말을 한 마리도 보지 못하게 될까 걱정했지만 그것은 기우였다. 우리는 숲 속에 들어가기 전 호텔을 찾는 도중 길 한가운데를 느긋하게 걷는 조랑말 떼를 보았다. 조랑말은 주차장과 상점 앞마당을 서성이기도 했고, 주택 앞뜰에서 한가로이 풀을 뜯기도 했다. 우리는 이틀 동안 200마리가

▶▶▶

> 부대끼는 사람들 틈에서 벗어나려면 가던 방향을 바꾸면 그만이었다. 우리는 시원하고 호젓한 숲 속으로 들어갔다. 잠시 후 주위에는 또다시 아무도 없었고, 정적이 우리를 감쌌다.

◀◀◀

넘는 조랑말을 보았다. 최근 집계에 따르면 뉴포레스트에 서식하는 조랑말은 4,000마리가 넘는다. 공원 안을 마음껏 돌아다닐 수 있다는 점에서는 야생동물이라고 할 수 있지만 이곳 조랑말들은 모두 주인이 있다. 조심스럽게 조랑말들이 모여있는 곳으로 다가가자 조랑말의 등이나 옆구리에 찍혀있는 소유주를 표시하는 문자와 숫자가 보였다. 우리는 이곳 조랑말들이 길들여진 동물이 아님을 기억했다. 관광안내서와 푯말 모두 조랑말에게 차이거나 물릴 수 있으니 조랑말을 놀라게 하지 말라고 경고하고 있다. 조랑말에게 먹이를 주는 것도 법으로 금지돼있다. 어미 조랑말과 새끼 사이에 끼어드는 것도 어리석은 행동이다. 우리는 탁 트인 곳에 모여있는 조랑말들 사이를 조심스럽게 걸었다. 유난히 쾌활해 보이는 회색 조랑말 한 마리가 호기심 어린 눈으로 우리를 쳐다보더니 귀를 쫑긋거리며 다가왔다. 조랑말은 말보다는 작지만 움찔 겁을 먹게 할 만큼 몸집이 크다. 이곳에서는 조랑말이 왕이다. 운전자들은 특유의 달팽이 걸음으로 길을 건너는 조랑말들을 언제까지라도 기다려주어야 한다. 또한 조랑말 무리가 길을 막고 있는 곳에서는 방향을 돌려 우회로를 찾아야 한다. 행복하고 건강한 이곳 조랑말들의 느긋함은 놀라울 정도다. 한때 승마를 배우는 대가로 마구간 청소를 해본 적이 있는데, 뉴포레스트의 조랑말들은 그때 만난, 잔뜩 긴장해있으며 쉽게 흥분하고 다투기를 잘 하던 동물과는 완전 딴판이었다. 이곳 조랑말들은 서열 경쟁을 하거나 쓸데없이 서로를 자극하는 대신 20마리 정도씩 한가로이 무리를 지어 다닌다. 한눈에도 서로를 아끼고 보살피는 것을 알 수 있다. 뜨거운 햇볕이 내리쬐는 한낮, 조랑말들은 서로의 코와 꼬리를 마주한 채 그늘에서 졸음에 빠져든다. 율동적으로 휘두르는 꼬리로 서로의 눈앞에 어른대는 파리를 쫓아준다. 어쩌다 자리를 잡고 앉은 파리도 또다시 휙 지나가는 꼬리 앞에서는 달아날 수밖에 없다. 새끼들도 어미의 꼬리 근처에 모여서 잠을 잔다. 이러한 조랑말의 행동은 실리적이면서 감동적이기까지 하다.

뉴포레스트는 자연의 아름다움을 오롯이 간직하고 있지만 야생의 숲은 아니다. 아주 오래 전부터 인간의 발길이 끊이지 않은 이곳에는 거주민 또한 많다. 주민 수가 3만 1,000명이 넘는 뉴포레스트는 영국의 열다섯 개 국립공원 가운데 가장 작지만 인구밀도는 가장 높은 곳이다. 그러나 모든 것이 눈에 띄지 않으면서도 체계적으로 관리되고 있었다. 나는 이곳에서 산림위원회Forestry Commission가 영국 전체를 관리하면 좋겠다는 생각을 몇 번이고 했다. 깨끗한 길은 널찍하고 곧았으며, 지평선까지 뻗은 길은 마치 오스트레일리아의 풍경 같았다. 길마다 붙은 번호 덕분에 길을 잃기란 (거의) 불가능했다. 우드그린Woodgreen 근처 '1'이 적힌 기둥에서부터 애셔스트Ashurst 근처 '387'이 적힌 기둥에 이르기까지, 길이 구부러지거나 갈라지는 곳에는 어김없이 표지판이 서있었다. 덕분에 이곳을 찾은 사람들은 지도에서 자기가 있는 곳을 정확히 알 수 있다. 공원 곳곳에 마

▶▶▶

돼지 방목

매년 9월부터 11월까지 이어지는 돼지 방목pannage 기간이 시작되면 뉴포레스트의 조랑말과 소는 수백 마리의 돼지와 한데 어울린다. 돼지들에게 주어진 임무는 너도밤나무와 밤나무 열매를 비롯해 도토리를 양껏 먹는 것이다. 돼지들은 감탄스러울 정도로 열심히 맡은 일을 한다. 도토리에 다량 함유된 타닌은 돼지에게는 안전하지만 조랑말과 소에게는 치명적이다. 영국 전역에서 이루어지던 돼지 방목은 이제 뉴포레스트를 포함한 몇 안 되는 곳에서만 볼 수 있다. 돼지들도 조랑말과 마찬가지로 개인이 소유한다. 돼지들에게는 주인을 알려주는 꼬리표가 달려있다. 또한 돼지들은 코에 고리를 달고 있는데, 그 쓰임새는 숲에 미치는 손상을 최소화하기 위해 돼지가 땅을 너무 깊이 파헤치지 못하도록 하는 것이다.

◀◀◀

련된, 주변 경관과 어우러진 편의시설을 이용하려면 이 멋진 나무 이정표를 따라가면 된다. 삼나무와 세쿼이아 목재를 솜씨 있게 파서 만든 표지판은 톨 트리 워크Tall Tree Walk를 비롯한 여러 산책로와 전 세계의 수종이 모인 아기자기한 수목원으로 안내해준다.

윌리엄 왕은 작은 마을 스무 개를 불태워 없애면서 뉴포레스트의 소유권을 주장했고, 황실과 관계없는 사람들의 출입을 제한했다. 과거에 이토록 배타적이었던 뉴포레스트가 지금은 누구에게나 활짝 열려있다. 우리는 기차를 타고 숲 한가운데 자리한 마을 브로큰허스트Brockenhurst로 갔다. 매일 100회 이상 운행하는 기차는 대부분 런던의 클래펌정션Clapham Junction 역까지 직행한다. 우리가 묵은 호텔은 역에서 가까웠다. 수백 km에 달하는 숲길이 우리의 발길을 기다리고 있었다. 뉴포레스트는 전체적으로 평평해서 체력이 약한 사람도 수월하게 걸을 수 있다. 가족, 친구들과 무리를 지은 십대, 이제 막 사랑에 빠진 연인, 기념일을 축하하는 사람들, 홀로 산책을 즐기는 사람들……. 누구라도 이곳에서는 한가하고 평화롭게 햇살을 즐길 수 있다. 영국에서는 개인 이동수단 없이 여행하려면 많은 비용이 들뿐더러 원하는 곳에 가기 힘든 경우가 많다. 그러나 뉴포레스트는 차 없이도 쉽게 찾을 수 있는 몇 안 되는 여행지 중 하나다. 사실 이곳 조랑말들의 비협조적인 태도를 생각하면 차가 도리어 골칫거리다.

브로큰허스트는 뉴포레스트에서 가장 아름다운 마을이다. 체인점을 찾아볼 수 없을 정도로 영국에서도 개성 강한 곳 중 하나로 꼽는 이곳에는 금방이라도 무너질 듯한 성 니콜라스 교회St Nicholas's church가 자리하고 있다. 노르만 시대에 세워진 성 니콜라스 교회 앞에는 고요한 묘지가 있는데, 나는 바로 이곳에서 1,000년 묵은 주목의 잔가지 하나를 얻었다. 브로큰허스트는 뉴포레스트 국립공원에서 가장 넓은 삼림지대이기도 하다. 이튿날 아침 우리는 조깅을 하면서 마을을 가로질렀는데(이곳은 산책이나 자전거 타기는 물론 조깅을 하기에도 좋다) 뉴포레스트의 '수도'라 불리는 브로큰허스트 중심가는 꼬리에 꼬리를 문 차들로 꽉 차있었다. 접근성이 뛰어나다는 장점이 가져온 뜻하지 않은 결과다. 여름날, 특히 화창한 토요일이면 뉴포레스트에는 사람들로 발 디딜 틈 없다. 사람들이 즐겨 찾는 곳은 소리부터 다르다. 아이들과 물의 조합에는 무언가 특별한 것이 있다. 이 둘이 만나는 곳에서는 언제나 즐거운 비명이 넘쳐흐른다. 주차장과 야영장 근처의 얕고 넓은 강은 뱃놀이에 신이 난 사람들로 가득했다. 눈을 휘둥그레 뜬 스패니얼과 살찐 래브라도가 사람들 사이에서 헐떡거리고 있었다. 우리는 아이스크림 트럭 앞 밀치락달치락하는 사람들 틈에 끼고 싶은 생각이 없었다. 그렇게 우리는 시원하고 호젓한 숲 속으로 들어갔고, 잠시 후 주위는 또다시 정적만이 감돌았다.

멀리서 구별하기는 힘들지만 목초지에서 이따금 조랑말 사이에 섞인 소를 볼 수 있다. 하지만 이곳에 서식하는 또 다른 동물인 사슴은 좀처럼 눈에 띄지 않는다. 뉴포레스트에는 (개체 수가 많은 순서대로) 다마사슴fallow, 노루roe deer, 일본사슴sika deer, 붉은사슴red deer이 살지만 우리는 눈앞에 보이는 것이 어떤 종인지 구별할 수 있을 만큼 가까이 다가갈 수도, 충분히 오래 볼 수도 없었다. 커다란 사륜 구동차 앞에

▶▶▶

◂◂◂

서도 꼼짝 않는 조랑말과 달리 사슴은 너무나 겁이 많았다. 보호구역 밖에서 사슴을 만나는 행운은 좀처럼 누리기 힘들었다. 우리는 숲 속 빈터 너머에 모여있는 사슴 무리를 발견하고는 혹시 조랑말은 아닌지 눈을 가늘게 뜨고 바라보았다. 두 번째로 (그리고 마지막으로) 사슴을 만난 것은 그로부터 몇 분 뒤였다. 아주 짧았지만 황홀한 순간이었다. 우리가 걷고 있던 길 앞에 조랑말 한 무리가 졸고 있었고, 그 너머에 어미 사슴 한 마리와 새끼 한 마리가 쏟아지는 햇살 아래 귀를 쫑긋 세운 채 우리 쪽을 바라보고 있었다. 우리는 얼어붙은 듯 가만히 서서 숨을 죽였지만 사슴은 산들바람에 실려 오는 우리 냄새를 맡고서 껑충 달아났다. 소리도 흔적도 없이, 참나무가 드리운 얼룩덜룩한 그림자 속으로.

이후 너도밤나무 숲을 지나 미송 숲으로 들어갔다. 융단처럼 푹신하게 자란 양치식물 사이로 미송의 희끗희끗한 몸통이 솟아있었다. 그 모습에서 미국 서부의 모습이 떠올랐다. 눈부신 파란 하늘 아래 관목이 무성하게 자란 곳. 내 상상 속 캘리포니아 그대로였다. 잠시 후에는 가본 적 없는 남아프리카 초원이 펼쳐지는 듯한 착각이 들었다. 아카시아가 에워싼, 군데군데 풀이 자란 붉은빛 대지가 펼쳐져 있었다. 그늘을 가로지르는 조랑말 무리가 코끼리 떼처럼 보였다. 뉴포레스트가 품은 다양한 생태계는 경이로웠다. 팝업북의 책장을 넘기듯 매번 새로운 왕국이 눈앞에 펼쳐졌다. 눈에 보이지 않는 숲의 경계를 지날 때마다 기온, 조도照度, 소리, 향기를 비롯해 모든 것이 달라졌다. 숲을 벗어나자 뜨거운 공기가 우리를 덮쳤다. 영국답지 않은 날씨와 만족한 표정의 활기찬 야영객들은 어린 시절의 유럽 여행(우리 영국인들은 마치 영국이 유럽에 속하지 않은 것처럼 말하곤 한다)을 생각나게 했다.

우리는 커다란 고리 모양을 그리는 구불구불한 길을 따라, 숫자가 표시된 기둥을 차례로 지나 천천히 출발점으로 향했다. 숲길을 한참 걸었기에 시원하게 몸을 식히고 싶었던 우리는 호텔에서 10분 거리에 있는 얕은 개울에 이르렀다. 빽빽하게 자란 참나무에 가려진 개울에는 마침 아무도 없었다. 우리는 기분 좋게 차가운 물속으로 첨벙거리며 들어갔다. 개울물은 발가락을 간질이면서 매끄러운 조약돌 위로 흘러갔다. 무성하게 자란 참나무의 타닌 성분이 개울을 차 빛깔로 물들이고 있었다. 클레오파트라의 아이섀도처럼 눈이 시릴 정도로 밝은 청록색 몸과 날개를 가진 잠자리 떼가 수면 위를 맴돌았다. 우리는 발을 말리려고 앉아서 우리가 떠나온 세상으로, 차와 노트북과 아스팔트와 자동차 소리로 가득한 세상으로 돌아가야 할 순간을 미루면서 한동안 그대로 있었다. 이렇게 며칠을 더 머물면서 우리가 본 것보다 더 많은 뉴포레스트의 모습을 경험하고 싶었다. 뉴포레스트는 단순한 관광지가 아니라 그 나름의 법과 문화를 지닌 채 '아름다운' 느린 삶을 살아가는 작은 나라처럼 느껴졌다. 언젠가 뉴포레스트의 경계를 이루는 조랑말 서식 구역 안으로 꼭 다시 들어가고 싶다. 뉴포레스트는 특별한 곳이다. 곁에 있으면서도 따로 떨어져있고, 안전하면서도 거친 곳, 뉴포레스트는 완벽한 놀이터다. ■

숲 갤러리
FOREST GALLERY

〈프로틴Protein〉과 〈시리얼〉은 함께 런던 휴잇 가Hewett Street 18번지에서 '숲'이라는 제목으로 사진전을 열었다. 우리는 독자들을 대상으로 숲을 주제로 한 사진을 공모한 뒤 우수작을 골라서 함께 전시했다. 여기에 실린 열세 점의 작품을 보내주신 독자들의 이름은 게재된 순서대로(위에서 아래, 왼쪽에서 오른쪽) 아래와 같다.

KYLA MEDINA · NICK FOUND · SUZI MARSHALL · AN THAI · EMILIE GUELPA · BROOKE HOLM
CAROLINE HANCOX · PINNIE POJANALAWAN · MICHELLE YOUNG · FINN BEALES
CAMERON-ZEGERS · REBECCA SATHER JENKINS · CHIN WEI ONG

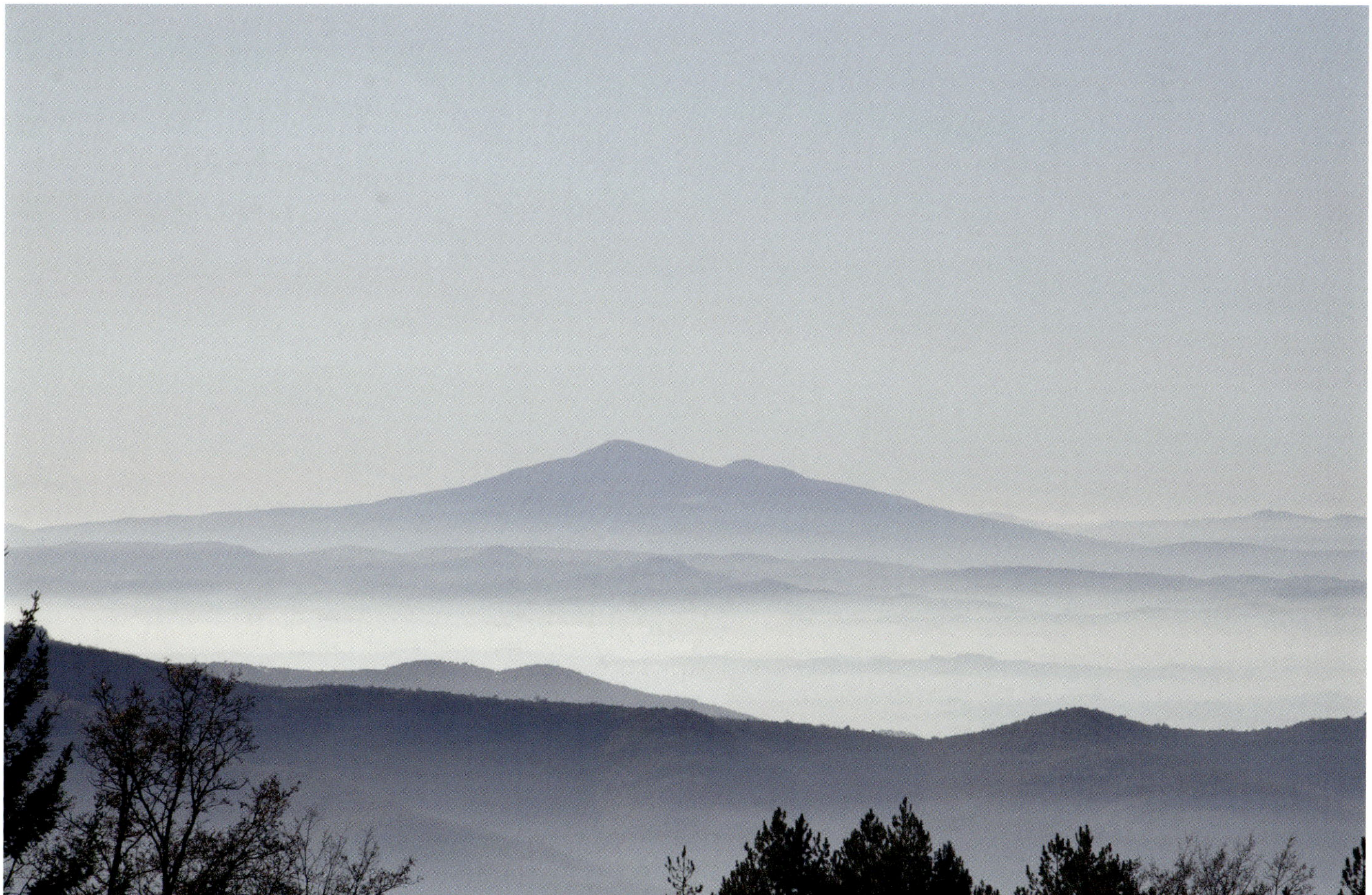

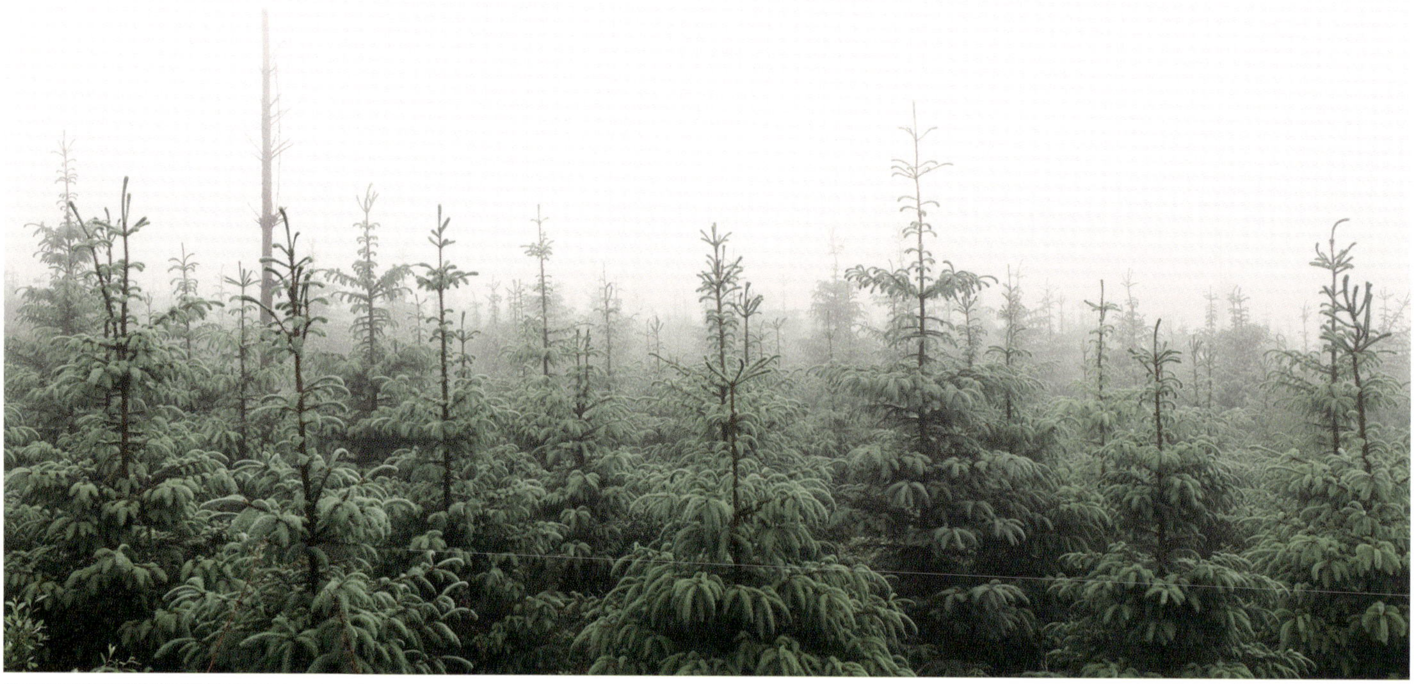
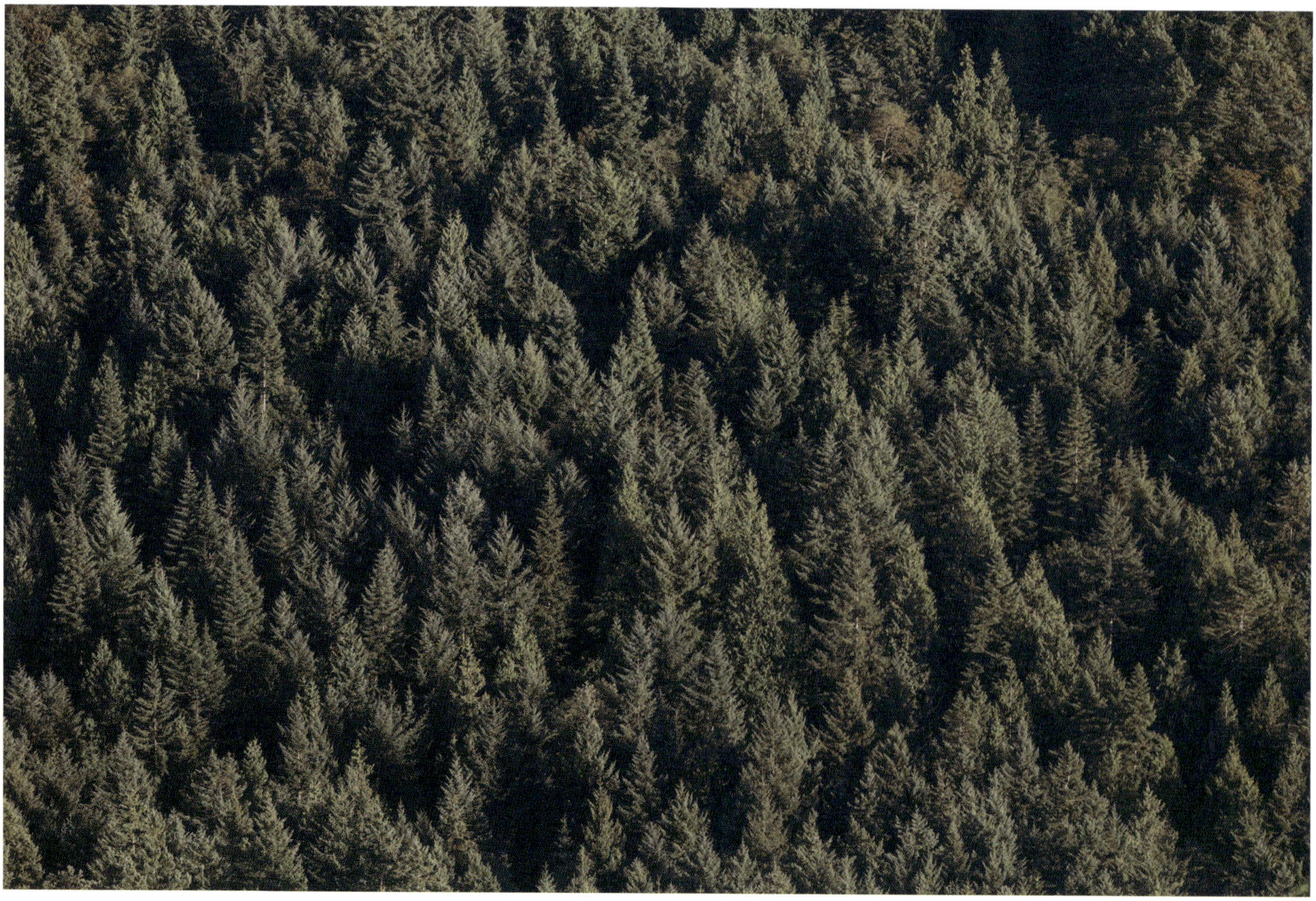

BIBLIOGRAPHY

①  *Grains*

Adelaar, Alexander, "The Indonesian migrations to Madagascar: making sense of the multidisciplinary evidence", *Austronesian Diaspora and the Ethnogeneses of People in Indonesian Archipelago* 2006: 205-232. Print.

Baudin, Louis, *Daily Life of the Incas* (New York: The Macmillan Company. New York, 1961)

Bawden, Tom, "Britain running out of wheat as cold weather crisis hits farmers", *The Independent,* <http://www.independent.co.uk/news/uk/home-news/exclusive-britain-running-out-of-wheat-as-cold-weather-crisis-hits-farmers-8562648.html>, consulted 31 August, 2013.

BBC, "Households cut energy use by a quarter", http://www.bbc.co.uk/news/business-23723385, consulted 31 August 2013.

BBC, "Weetabix products hit by poor wheat harvest", http://www.bbc.co.uk/news/uk-england-northamptonshire-22248961, consulted 31 August, 2013.

BBC online, "Cambridge-based scientists develop 'superwheat' ", http://www.bbc.co.uk/news/uk-22498274, consulted 31 August 2013.

Blythman, Joanna, "Can vegans stomach the unpalatable truth about quinoa?", *The Guardian,* <http://www.theguardian.com/commentisfree/2013/jan/16/vegans-stomach-unpalatable-truth-quinoa>, consulted 31 August, 2013.

Brown, Mervyn, *A History of Madagascar* (Princeton: Marcus Wiener Publications, 2000)

Burnouf-Radosevich, M, Paupardin, C, "Vegetative Propagation of Chenopodium quinoa by Shoot Tip Culture", *American Journal of Botany* 1985: Vol. 72, No. 2, Botanical Society of America.

Clark, Duncan, "How will climate change affect food production?", *The Guardian,* <http://www.theguardian.com/environment/2012/sep/19/climate-change-affect-food-production>, consulted 31 August, 2013.

Coe, Michael D, *The Maya* (London: Thames & Hudson, 1999)

Collyns, Dan, "Quinoa brings riches to the Andes", *The Guardian,* <http://www.theguardian.com/world/2013/jan/14/quinoa-andes-bolivia-peru-crop>, consulted 31 August 2013.

Cranshaw, WS, Kondratieff, BK, Qian, T, "Insects Associated with Quinoa, Chenopodium quinoa in Colorado", *Journal of the Kansas Entomological Society* 1990: Vol. 63, No. 1 Allen Press on behalf of Kansas (Central States) Entomological Society.

Cullen, PJ, Cranston, PS, *The Insects: An Outline of Entomology,* (London: Wiley-Blackwell, 2010)

D'Efilippo, Valentina, Bell, James, *The Infographic History of the World* (London: Collins, 2013)

Dehority, Burk A, *Rumen Microbiology* (Nottingham: Nottingham University Press, 2003)

Dolgin, Ellie, "Maize Genome Mapped", <http://www.nature.com/news/2009/091119/full/news.2009.1098.html>, consulted 31 August 2013.

Dunlop, Fuchsia, *Every Grain of Rice* (London: Bloomsbury Publishing, 2012)

The Economist, "Ears of Plenty", http://www.economist.com/node/5323362, consulted 31 August 2013.

Food And Agriculture Organisation of the United Nations, <http://www.fao.org>, consulted 31 August 2013.

Fuller, Harry J, "Photoperiodic Responses of Chenopodium quinoa and Amaranthus caudatus", *American Journal of Botany*: Vol. 36, No. 21949, Botanical Society of America.

Gage, Fran, "Wheat into Flour: A Story of Milling", *Gastronomica: The Journal of Food and Culture* 2006: Vol. 6, No. 1, University of California Press.

Global Food Security, "Modern agriculture and food security - a history", <http://www.foodsecurity.ac.uk/issue/history.html>, consulted 31 August 2013.

Gomez, Dr Kwanchai A, "Rice, The Grain of Culture", <http://www.thairice.org/html/article/pdf_files/Rice_thegrain_of_Culture.pdf>, consulted 31 August, 2013.

Gosden, Chris, Hather, Jon G, *The Prehistory of Food: Appetites for Change* (London: Routledge, 2011)

Hirst, K Kris, "Rice Domestication Bibliography", <http://archaeology.about.com/od/domestications/qt/Rice-Domestication.htm>, consulted 31 August 2013.

IFAD, "Madagascar: Abeline's Field of Gold", <http://www.youtube.com/watch?v=5BHK2oi6l9U>, consulted 31 August 2013. Television.

International Rice Research Institute, <http://www.irri.org>, consulted 31 August 2013.

Jones, Martin, Feast: *Why Humans Share Food* (Oxford: Oxford University Press, 2008)

Jungels, Jeremy, "Catastrophic Sexual Transmutation", <http://www.natureinspireddesign.com/2011/11/catostrophic-sexual-transmutation>, consulted 31 August 2013.

Long, A., B. F. Benz, D. J. Donahue, A. J. T. Jull, L. J. Toolin, "First Direct AMS Dates on Early Maize from Tehuacán, Mexico", *Radiocarbon* 1989: 31(3): 1035-1040.

Matsuoka Y, Vigouroux Y, Goodman MM, Sanchez J, Buckler ES, Doebley JF, "A single domestication for maize shown by multilocus microsatellite genotyping", *Proc Natl Acad Sci USA* 2002: 99: 6080-4.

Mohanty, Dr Samarendu, "A Look At India", *International Rice Research Institute*, July 2009.

National Association of British and Irish Millers, <http://www.nabim.org.uk>, consulted 31 August 2013.

Owen, Sri, *The Rice Book* (London: Francis Lincoln Ltd, 1993)

Piperno DR, Flannery KV, "The earliest archaeological maize (Zea mays L.) from highland Mexico: new accelerator mass spectrometry dates and their implications", *Proc Natl Acad Sci USA* 2001: 98: 2101-3.

BIBLIOGRAPHY

Piperno DR, Ranere AJ, Holst I, Iriarte J, Dickau R, "Starch grain and phytollith evidence for early ninth millenium B.P. maize from the central Balsas river valley, Mexico", *Proc Natl Acad Sci USA* 2009: 106: 5019-5024.

Smith, BD, "The initial domestication of Cucurbita pepo in the Americas 10,000 years ago", *Science* 1997: 276: 932-934.

Stocker, Ed, "Quinoa: Good for you – bad for Bolivians", *The Independent*, <http://www.independent.co.uk/life-style/food-and-drink/features/quinoa-good-for-you--bad-for-bolivians-8675455.html>, consulted 31 August 2013.

UK Agriculture, <http://www.ukagriculture.com/crops/wheat.cfm>, consulted 31 August 2013.

Various Authors, "A map of rice genome variation reveals the origin of cultivated rice", < http://www.nature.com/nature/journal/v490/n7421/abs/nature11532.html>, consulted 31 August, 201.

Various Authors, "Molecular Evidence for a Single Evolutionary Origin of Domesticated Rice", < http://www.pnas.org/content/108/20/8351.abstract>, consulted 31 August 2013.

Wilson, Hugh D, "Quinoa and Relatives (Chenopodium sect. Chenopodium subsect. Cellulata)", *Economic Botany* 1990: Vol. 44, No, 3, New York Botanical Garden Press.

W.R Easy, "Quinoa: Caviar For Birds?", *British Medical Journal* 1990: Vol. 301, No. 6746, BMJ Publishing Group.

② 로스앤젤레스 *Los Angeles*

Eames Foundation, <http://www.eamesfoundation.org/eames-house-history>, consulted 31 August 2013.

Eames Office, <http://eamesoffice.com>, consulted 31 August, 2013.

Kirkham, Pat, "Humanizing Modernism: The Crafts, 'Functioning Decoration' and the Eameses", *Journal of Design History* 1998: Vol. 11, No. 1, Craft, Modernism and Modernity.

Lange, Alexandra, "This Year's Model Representing Modernism to the Post-War American Corporation", *Journal of Design History* 2006: Vol. 19, No. 3, Oxford University Press.

McCoy, Esther, "Arts & Architecture Case Study Houses", *Perspecta* 1975: Vol. 15, Backgrounds for an American Architecture, The MIT Press.

McCoy, Esther, "Charles and Ray Eames", *Design Quarterly* 1975: No. 98/99, Walker Art Centre.

National Historic Landmark Nomination, <http://www.nps.gov/nhl/designations/samples/CA/Eames.pdf>, consulted 31 August 2013.

Smith, A. T, *Case Study Houses,* 1945-1966, The California Impetus (Taschen, 2009)

Stahl House, <www.stahlhouse.com>, consulted 31 August 2013.

③ 크라쿠프 *Kraków*

Bujak, Jan, "The Origin and Transformations of Kraków Folk Customs", *Urban Anthropology* 1983: Vol. 12, No. 3-4, The Institute Inc.

Campbell, George L, *Compendium of the World's Languages: Ladakh to Zuni, Volume 2* (London: Routledge, 2000)

Cooke, Rachel, "Poland – it's the new Provence of food", *The Guardian Life and Style*, < http://www.theguardian.com/lifeandstyle/2013/feb/16/poland-foods-new-provence>, consulted 31 August, 2013.

Davies, A, "A Study in City Morphology and Historical Geography", *Geography* 1933: Vol. 18, No. 1, Geographical Association.

Mazur, Bolesław W, *Colloquial Polish* (London: Routledge, 2001)

Morton, Mark, "Missing Delicacies", *Gastronomica: The Journal of Food and Culture* 2005: Vol. 5, No. 2, University of California Press.

Schneider, Edward, "Studying Pierogi in Poland", *New York Times Diner's Journal*, <http://dinersjournal.blogs.nytimes.com/2010/09/14/studying-pierogi-in-poland>, consulted 31 August, 2013.

Stankiewicz, Helen, "Polish Foodways in America", *Polish American Studies* 1957: Vol. 14, No, 3, University of Illinois Press.

Walters, B, Fallen: *My Travels in Ireland and Eastern Europe* (Virtualbookworm.com, 2004)

Zamoyski, Adam, *The Polish Way: A Thousand Year History of the Poles and their Culture* (Poland: Hippocrene Books, 1993)

Zatorska, Beata, "Pierogi or 'Polish ravioli' recipe", *The Guardian Life and Style*, <http://www.theguardian.com/lifeandstyle/2011/apr/07/pierogi-polish-ravioli-recipe>, consulted 31 August, 2013.

④ 숲 *Forest*

The New Forest, <http://www.thenewforest.co.uk>, consulted 31 August 2013.

New Forest National Park, <http://www.newforestnpa.gov.uk>, consulted 31 August 2013.

National Parks, <http://www.nationalparks.gov.uk>, consulted 31 August 2013.

New Forest Trust, <http://www.newforesttrust.org.uk>, consulted 31 August 2013.

Contributors

ANAÏS WADE | PHOTOGRAPHER | *Los Angeles, USA*
CHARLIE LEE-POTTER | WRITER | *Oxford, UK*
DAX HENRY | PHOTOGRAPHER | *Los Angeles, USA*
ELIZABETH SCHWYZER | WRITER | *Santa Barbara, USA*
JONATHAN GREGSON | PHOTOGRAPHER | *London, UK*
KAREN MORDECHAI | PHOTOGRAPHER | *Brooklyn, USA*
MARK SANDERS | PHOTOGRAPHER | *London, UK*
MAX WANGER | PHOTOGRAPHER | *Los Angeles, USA*
STEPHEN LENTHALL | PHOTOGRAPHER | *London, UK*
TIM ROBISON | PHOTOGRAPHER | *Asheville, USA*

SAY HELLO

hello@readcereal.com

Cereal Magazine
*Bristol & Exeter House
The Penthouse
Lower Station Approach
Temple Meads
Bristol BS1 6QS
United Kingdom*

FIND US ONLINE

www.readcereal.com

 /cerealmag
/cerealkorea 한국어판 소식

 @cerealmag

 @cerealmag

COVER IMAGE BY JONATHAN GREGSON

EDITOR
ROSA PARK

CREATIVE DIRECTOR
RICH STAPLETON

CONTRIBUTING & SUB EDITOR
RICHARD ASLAN

ADVERTISING MANAGER
ABBY WITHERICK

ILLUSTRATOR
JON RICH

SALES MANAGER
ROSE MCGRANDLE

시리얼 VOL. 4

2015년 4월 23일 초판 1쇄 인쇄
2015년 5월 05일 초판 1쇄 발행

지은이 Cereal 편집부 발행인 이원주
발행처 ㈜시공사 출판등록 1989년 5월 10일(제3-248호) 주소 서울 서초구 사임당로 82(우편번호 137-879)
전화 편집 (02)2046-2854 · 마케팅 (02)2046-2894 팩스 (02)585-1755 홈페이지 www.sigongsa.com
ISBN 978-89-527-7333-3 14590 ISBN 978-89-527-7227-5 14590 (set)
본서의 내용을 무단 복제하는 것은 저작권법에 의해 금지되어 있습니다.
파본이나 잘못된 책은 구입하신 서점에서 교환하여 드립니다.